講談社選書メチエ
643

共同体のかたち

イメージと人々の存在をめぐって

菅 香子

MÉTIER

目次

本文中写真提供―Granger/PPS通信社（p.45, P.75）
Bridgeman Images/PPS通信社（p.32, p.71）
Mary Evans/PPS通信社（p.37, p.59）
akg-images/PPS通信社（p.33, P.54, P.184）
alamy/PPS通信社（p.70）

序——共同体をめぐる問いと芸術作品

二〇一一年の初夏から初冬にかけて、ヴェネチアの「塩の館」でアンゼルム・キーファーの《地の塩》（二〇一一）という作品が展示された。かつて塩の倉庫として使われていた石造りの空間いっぱいに、横四メートル、縦二メートルほどの大きさの鉛の板がざっと二〇枚、洗濯されたシーツのように吊り下げられている。その鉛の板と板のあいだには人が入れるくらいの隙間があり、この作品を見るわたしたちは板のあいだに挟まるようにして、それぞれを眺める。そのために、わたしたちはかなり近くから鉛の板を見つめることになる。見るというよりは、触れると言った方が適切かもしれない。

その鉛の板は、緑青《ろくしょう》や錆色に覆われ、それぞれが異なる色合いになっている。これらの鉛板には、もともと風景を写し出した写真が貼りつけられていたという。だが、そこには、いかなる「風景」も見当たらない。そればかりではなく、そこに写真が貼りつけられていたということさえ分からなくなっている。鉛や塩からできているこの作品は、化学変化のプロセスにさらされている。写真は、いつのまにか、埋もれ、消えてしまったのだ。

一枚一枚の板は、それぞれに、刻一刻と変化していく。空気にさらされ、物質的な変化にさらされ、そのさらされることによって形成されたその何ものかは、展示されることによって今度は「作品」としてわたしたちの視線にさらされている。これが、アンゼルム・キーファーの《地の塩》という「芸術作品」である。

いつから作品はこういうものになったのだろう。こうした作品を何と呼べばいいのだろうか。この作品は、それをかたち作る物質そのものが不可逆的に変化していくことを隠さない。そうであるとするなら、それはかつての作品のように永遠を想定したものであるとは言えない。それに、これは何かの表象でもなければ、造形でもなく、コンポジションというものでもない。あえて言えば、物体のアレンジ、あるいは演出と言ってもいいかもしれないが、むしろ、これは「露呈=展示」そのものと言うべきではないか。それは何かを表象しているのではなく、露呈し、展示している。「展示」そのものによって、作品が作品として成り立っているのだ。

「展示=エクスポジション」には、さまざまな意味とはたらきがある。「外に置くこと」「さらすこと」「露呈すること」「見せるべく展示すること」「作品を展示すること」。ここで言う「エクスポジション」には、そうしたすべての意味とはたらきを畳み込む。

キーファーの《地の塩》にかぎらず、芸術作品はいま、このような「エクスポジション」として自らを現しはじめているのではないか。

作品が展示されるということ、わたしたちはそれをきわめて当然のこととして受け入れがちだ。だが、作品を展覧会で鑑賞するというのは近代になって始まった習慣である。一七九三年に、フランス国王の宮殿だったルーブル宮の一角がギャラリーとして一般に公開された。これがルーブル美術館の前身である。それまで、絵画や彫刻がどのように扱われていたかというと、それらは寺院や教会や権勢のある人々の館といった特定の空間に設置されて特定の役割を果たしていたり、コレクターによって個人的に所蔵されたりしていた。一般の人々に向けて作品が展示されることは、ある時代に生み出されたひとつの制度なのだ。

この比較的新しい制度が当然のものとなってからは、作品のあり方も変わる。美術館の誕生以前にももちろん作品はつねに「見られること」を前提にして作られてきたのではあるが、美術館という制度ができてからは、特に、あらゆる人に対して展示されることが前提とされるようになったと言えるだろう。わたしたちは作品が展示されることを当然と受け止めてしまうため、「エクスポジション」を作品が展示される単なる場所だと考えてしまう。だが、いま、「エクスポジション」そのものが芸術作品のあり方に根本的な意味を持つようになっているのではないだろうか。

これまで芸術作品は基本的に「表象」としてとらえられてきた。それは、かつて、儀式や宗教や国家のなかで、何らかの出来事や誰かを記憶にとどめるため、のちの時代に語り継ぐため、出来事を説明し意味を与えるため、死者を弔うためなどに用いられてきた。そうした作品とは、何かを表象するためのものである。

表象とは英語で「representation」、フランス語で「représentation」という言葉であり、ラテン語の「repraesentatio」を語源としている。ドイツ語では「Vorstellung」というが、これもまたラテン語の「repraesentatio」の訳語である。「repraesentatio」の動詞「re-praesentare」は、「目の前に置く」「再現前化する」という意味を持つ。このラテン語「repraesentatio」それ自体は、もともとはギリシア語「phantasia」の訳語として用いられたものだった。「phantasia」は、「思い描くはたらき」のことだが、近代の語で言えば「image」とほぼ同義の語である。したがって、芸術に与えられていたのは、表象するという役割、イメージを作り出すという役割だったと言える。

ところが、二〇世紀の半ば頃から、表象そのものの意味が問い直されるようになった。あるいは、表象という作用が崩壊したと言っていいかもしれない。「現代アート」と呼ばれるものは、何らかの表現あるいは呈示ではあっても、もはや何かを表象しているとは言いえない。何かを表象するということが芸術の役割ではなくなったのではないか。そう思わせる作品が現れてきている。このことは芸術における重要な転換点に見える。

芸術作品が、表象するということから離れていったとき、それは何かを露呈するものへと変わっていく。芸術作品を成り立たせる契機が、表象ではなくエクスポジションそのものになった。つまり、何かを表象するものではなくなった芸術作品は、単に「展示＝エクスポジション」されるだけではなく、何ものかを「エクスポジション＝露呈、呈示」するものへと変わっていったと言えないだろうか。

そう考えさせるのは、現代哲学のひとつの傾向、とりわけマルティン・ハイデガー以降の世界大戦の経験を経て更新されてきた共同体をめぐる思考の展開である。

なぜ芸術が共同体をめぐる問いと関係するのか。それは芸術作品の根本的なあり方に関係している。芸術作品はつねに「見られるもの」として作られ、「見る」ことを通して多くの人々の共有のうちに置かれる。作品は見られることを前提として作られる。つまり、作り手以外の誰かを前提として作られるのである。その前提のもとでは、作品はそれにかかわる人々の共同性においてしか成立しない。だから、芸術作品は共同性と根源的なつながりを持っており、根本的に共同的な何かであり、わたしたちの共同的関係の結節点なのだ。この事実はあまりに自明すぎて、かえって問題にされることがまれである。

こうした芸術のイメージのはたらきは、言葉のはたらきと同じようなものと考えてよいかもしれない。言葉は、同じ言葉を話す人々を結びつける。それと同じように、イメージはそれを見る人々に見るという経験を共有させ、人々を結びつける。表象されたイメージは共同体を支えるものとして機能したり、共同体がイメージを手がかりとしてひとつの実体として想定されてきたりしたのである。イメージは、つねに共同体の営みにかかわってくる「政治的なもの」だったのだ。そうであるとすれば、イメージが表象からエクスポジションへと転換したことも、人間の共同存在としてのあり方に関係しているのではないか。

共同体についての考えに目を向けてみると、これが二〇世紀の前半から大きな課題となってきたものであることが分かる。ハイデガーは、存在論の更新を謳《うた》いながら、存在が一個の「主体」という枠組みではとらえられないとした。人は、ひとりで存在するのではなく、つねに「共に」存在するということ、だから、存在は必然的に「共存在」であるということを強調して、共同性の問いを存在論にまで深めた。ハイデガーの共同存在論は、それを「民族」の共同体に引きつけたことによって行き詰まった。だが、その「共存在」の考え方を糸口として、その後の共同体論が展開されていく。「共存在」は、存在の前提条件となるあり方だ。存在することのうちに、共同性はすでに生起している。だから、共同体とは、作られるべき目的なのではなく、また、何らかの実体として構築されるべきものでもなく、「作品」のように作られるべきものでもない。そうではなく、それは、作られる手前に、つねに、「共に在る」というかたちで、わたしたちの個的存在を基礎づけている。

ジャン＝リュック・ナンシーは、ハイデガーが示した「共同体への要請」を読み替え、存在を分かち合うことに人間の根源的な共同性を見出した。人は有限、つまり、死にゆく存在である。死は、きわめて個人的な出来事のように見えながら、「わたし」ひとりで完結するものではない。その死は、自分以外の誰かに受けとめられることによってしか成立しないからだ。だから、死という出来事は共同で成し遂げられる出来事であり、共同性の唯一の生起なのだ。死を契機として、わたしたちの共同性が露呈される。そして、この共同性の露呈とは、わたしたちが有限であることの露呈以外のなにものでもない。共同性、言い換えれば「共に在ること」は、露呈を介して生起することになるのだ。そのようにして、共同性を問う思考のなかに「エクスポジション（露呈）」のテーマが引き出されたのである。

このような共同体論の展開の背景には、第二次世界大戦における「強制収容所」の出現という経験があった。それは、人格的あるいは人称的な「個」や「主体」を解体する空間であり、そのような空間で、人は「主体」として成り立つことの不可能性を、生存の一形態として経験した。現代の共同体論は、人が主体として成り立たないというところから浮かび上がってきた状況を基礎としている。

そして、一方で、絶滅強制収容所は、「表象の不可能性」の問題を提起した場所でもあった。人は表象する能力を持つことによって主体として成立してきたし、描かれることによってステータスを得てきた。だが、産業技術社会化が進み、その究極的な行き先として人間の組織的・機能的大量殺戮《さつりく》の場である絶滅強制収容所が出現したとき、そこに「表象されえないもの」が現れた。さらには、人間自体が「表象されえないもの」となったのである。そのとき、芸術は、表象から「エクスポジション」へと決定的な転換を遂げることになった。

さらにつけ加えるなら、表象から「エクスポジション」への移行をもたらした理由のひとつには、一九世紀後半に普及し、二〇世紀のイメージ体験に決定的な変化をもたらすことになった写真の存在がある。写真は産業時代の技術が生み出したものだが、その技術の中核に「エクスポジション」という契機がある。それは、感光材料を光にさらすことでイメージを作り出すものだ。写真という技術そのものにおいて、「エクスポジション」が重要な作用になっている。そのことは「露出」という用語としても示されている。写真では、露出（英語で exposure、フランス語では exposition）がまさに問題となっているのである。写真は光にさらすことによってイメージを作り出すものであるため、そこでは、イメージの生産そのものが「エクスポジション」を介しておこなわれている。

さらに、写真は、複製可能なイメージであり、あらゆる人に向けられたイメージだ。技術の発展と産業化とともにやってきた写真という新しいイメージは、「さらされること」に存在価値を持っている。こうしたものである写真が、表象から「エクスポジション」への変化を引き起こしたひとつの要素だったと考えることもできるだろう。

人間はいま、「剝《む》き出しの生」の状態に置かれている。ジョルジョ・アガンベンは、ただの「生きもの」としての生物学的レベルの生のことを「剝き出しの生」と呼び、それが近代以降に、政治権力の対象となってきたことを明らかにした。

この生の剝き出し化が決定づけられた場所が、絶滅強制収容所だった。そこでは、権力が、「生きもの」としての人々を対象として、その生と死とを管理する。ところが、そうした生と死の管理は収容所のなかにとどまることはなかった。それは、いまやあらゆる領域を覆い尽くしている市場経済のなかに見えてきている。グローバリゼーションの浸透と拡大の動きのなかで市場経済の秩序が政治を押しのけて最優先されるにつれて、「剝き出しの生」は、ますます顕著な現象として、そして一般的な現象として現れてきているのだ。それは、人が、例えば国家における国民というような政治的主体ではなくて、市場のなかに投入されマネジメントされる「リソース」に成り果てているからである。グローバルな市場経済のなかでは、人間は「主体性」を剝《は》ぎ取られ、何の庇護の下にもない「剝き出しの生」として扱われている。

このような「剝き出しの生」とは、表象を持たない人間のあり方でもある。主体としての人間は、表象を持つし、何かを表象することができる。表象するということが主体の能力であるとさえ言われてきた。ところが、「剥き出しの生」としての人間とは、まさに、その力を奪われたものだ。それは、何の「主体」も身にまとうことなく、表象不可能で、ただざらされている存在である。

こうした状況において、共同性は「不可能なもの」として現れてくる。なぜならば、「可能性」とは、行為する主体の能力であり、主体が成立していることが前提とされているからだ。だから、もはや主体が成立せず、主体の権能が剝奪された状況においては、「可能性」はどこにもない。そうした意味で、主体なきところに、つまり何らかの主体が意図することも、作り上げるという行為をすることもなしに露呈される共同性とは、「不可能なもの」なのである。

人が「剝き出しの生」であり、共同性が「不可能なもの」として現れるというこの状況を反映するかのように、現代のアートは、名前も所属も持たない者たちの顔を展示したり、人としてのかたちをなさない「人」を表現したりしはじめている。また、さらされているということを強調するかのように、人の目にさらされること、あるいは風雨などにさらされることによって成り立つ作品も現れている。人間が「さらされるもの」となったのと同期して、表象というよりは「エクスポジション」と呼ぶべき作品が現れはじめた。現代アートは表象を自明のものとして作られるのではない。それは、何かの表象ではなく、何かの「エクスポジション」である。

そして、「エクスポジション」として示される現代アートは、まさに共同性を露呈させているのではないか。これまで共同性とかかわり合ってきた芸術は、現代においてもやはり共同性とは無縁ではない。それは、新たなかたちで浮かび上がってきた共同性を、引き受け、照らし出している。通常、共同体と芸術というテーマは、政治と芸術の関係として扱われてきた問題だが、いま、美的体験が政治とどう結びつき、共同存在のあり方とどう結びつくのかという問いのなかに置かれている。

現代の共同体論が照らし出した存在論的な意味での共同性と現代アートの結びつきは、これまで明確には語られてこなかった。共同体の思想家であるジャン＝リュック・ナンシーやジョルジョ・アガンベンなどが美学やイメージに関して数多く論じており、「主体」との絡み合いからそれらを論じることもあるが、それが共同性の体験であると直接的には述べていない。イメージにおける時間の分析などをおこない、新たなイメージ論を展開している思想家ジョルジュ・ディディ＝ユベルマンがはじめて、その結びつきを感知し、一八七一年にアドルフ・ウジェーヌ・ディデリが撮影した写真のイメージをナンシーやモーリス・ブランショの共同体論から読み解いていき、「人々（peuple）を露呈させること」が共同体の探求であるとともに、イメージの探求であると論じた。[1]つまり、共同体とイメージのかかわりを、「露呈（exposition）」という観点から示したのである。そして、ディディ＝ユベルマンは、主に一六世紀から一九世紀にかけての「貧しい、名もなき人々」のイメージの検証をおこなっている。

だが、共同性とイメージとがもっとも深くかかわって現れてくるのは、二〇世紀後半以降の現代アートのイメージにおいてではないだろうか。そして、不可能性の経験をもとに展開された共同体論は、「表象の不可能性」を経て試みられてきた芸術の営みの変容を照らし出すことになる。人が、あらゆる表象から断ち切られ、「個」であることができなくなったということが、一方では共同体や共同性についての思考を問い直す契機となり、もう一方では、芸術作品の創作の仕方を大きく変えさせることになったのだ。表象から「エクスポジション」への転換点で、共同性に関する思考と芸術の営みの交差ははっきりと浮き上がってきた。

ここでは、芸術が表象から「エクスポジション」へと移行した経緯とともに、共同性のテーマが芸術にどのようにかかわってきたのか、そして現代において芸術作品はどのように共同性を露呈させているのかを探っていく。そこで仮定されているのは、芸術が表象から「エクスポジション」へと変わっていったということと、「エクスポジション」として展開する現代アートのあり方と現代における共同性の論理は関連づけて考えられるということである。

まず、第一章では、表象がどのようなはたらきを持っていたのかを、古代ローマにおける肖像「イマーゴ」、ルネサンス期における人々の肖像、近代国家のイメージ表現としての絵画などから探っていく。ここで問われるのは、表象の政治的ステータスである。政治空間のなかで、表象がどのような役割を果たし、そして人々に位置を与えてきたのかということだ。

第二章では、一九世紀後半から二〇世紀前半における表象の変化を、絵画における変化やその受容の変化という観点からたどる。一方には絵画そのものの変化があり、もう一方には、写真の誕生によるイメージのあり方の変化があった。こうした変化とともに、芸術作品は展示されることに大きな意味を持つようになっていく。

第三章では、絶滅強制収容所の出現を契機として生じた変化を検討する。そこでは、人間のステータスの変化があり、それと同時に表象が「不可能なもの」となった。このときに芸術は表象から「エクスポジション」へと変化したと考えられる。

第四章では、現代アートにおいて表現される人々の形象が何を意味しているのかを探り、そこに露呈される共同性について論じる。ジャン゠リュック・ナンシー、ジョルジョ・アガンベン、ロベルト・エスポジトたちが展開した現代の共同体論は、共同体が実体として形成されるものではなく、単に露呈されるものでしかありえないことを明らかにした。

こうした共同体は、芸術作品の展示のうちに、作品そのものとともに露呈されている。第五章では、現代の美的体験のなかで共同性がいかに露呈されているのかを探っていく。

第一章 絵画に登場する「人々」

——われわれはどこから来たのか

絵画の起源

イメージを作り出すこと、それはどのように始まったのだろうか。天文、地理、動物、植物などの知識をまとめた『博物誌』を著した古代ローマの大プリニウスは、絵画の起源について、ひとつのエピソードを伝えている。

エジプト人は、それ［絵画］は彼らの間で六、〇〇〇年前、それがまだギリシアに伝わらないうちに発明されたものだと断言する。これは確かにいい加減な断定である。ギリシア人について言えば、そのある人々は、それはシキオンで発見されたといい、ある人々はコリントスで発見されたという。しかしすべての人々が一致しているのは、それは人間の影の輪廓線をなぞることから始まったということ、したがって絵はもともとこういうふうにして描かれたものだということである。[1]（［ ］内は引用者が挿入）

これにしたがえば、人の手によってイメージを作り出すことは、影をなぞるところから始まった。描く対象そのものをなぞったものでもなければ、描く対象を直接見て描いたのでもない。光によって壁に投げかけられた影をなぞったということは、描く対象が目の前にいながら、それ自体には目を向けることなしに、あえてその投影の方を利用したということになる。人は、影という自然に作られた「イメージ」をまねてなぞることによって「イメージ」を作り出し、それを残したのだ。

西洋の芸術表象の誕生が「陰画＝否定《ネガティヴ》」にあるということは、きわめて重要だ。絵画が最初に現われたとき、絵画は不在／現前（身体の不在、身体の投射の現前）というテーマの一部をなすものであった。したがって、芸術の歴史には、この不在と現前の関係に関する弁証法がいたるところに存在しているのである。[2]

絵画における「影」に着目したヴィクトル・ストイキツァは、大プリニウスが記した絵画のはじまりのエピソードについてこう述べた。大プリニウスが記述するように、絵画のはじまりが人の影の輪廓をなぞることにあったとすれば、そこには「不在」が潜伏している。

影はいずれ消えてしまう。影の持ち主が立ち去ったときである。そのときまで、なぞった輪廓ははっきりとは見えていないかもしれない。影を作り出していた人が立ち去ったときに、はじめてその輪廓線が浮き上がってくる。絵画は不在を契機としてはっきりと見えてくるのだ。そうすると、絵画とは、モデルがそこにいるときには「絵画」として見えておらず、モデルがいなくなったときにはじめて浮き上がってくる「痕跡」だということになる。影に沿って描き出されたイメージは、描かれた対象がいなくなったときにはじめて絵画として成立する。

絵画が、描かれる対象がいなくなったときにはじめて見えてくる「痕跡」であったとすれば、絵画を描くとは、不在を見越した行為だったということになる。絵画を描くとき不在はあらかじめ想定されていて、絵画にはつねに来《きた》るべき不在が含みこまれていたのだ。さらに、大プリニウスは、絵画における不在の予期を強調するエピソードを記している。それは、絵画のはじまりと彫像のはじまりとを結びつけたものだ。

> 粘土で肖像をつくることが、コリントスでシキュオンの陶器師のブタデスによって発明されたのは、あの同じ土のお陰であった。彼は彼の娘のお陰でそれを発明した。その娘はある青年に恋をしていた。その青年が外国へ行こうとしていたとき、彼女はランプによって投げられた彼の顔の影の輪廓を壁の上に描いた。彼女の父はこれに粘土を押しつけて一種の浮彫りをつくった。それを彼は、他の陶器類といっしょに火にあてて固めた。[3]

ブタデスの娘が「絵画」を描いたのは、いなくなってしまう青年の姿を残しておくためだった。この最初の「画家」は、不在を予期し、描いた。そして、陶器師であるブタデスは、壁に固定されていた肖像画を壁から引き出し、立体の陶器にしたのである。つまり、持ち運び可能な肖像が作り出されたのだった。娘が描き出した輪廓線を、ブタデスは肖像に仕立て上げた。

このエピソードに対して、ストイキツァはさらに一歩踏み込む。ブタデスの娘が壁に投げかけられた青年の影の輪廓をなぞったときと、ブタデスが浮き彫りを作ったときのあいだには、青年の死があるというのだ。その青年が死んでしまったために、ブタデスは浮き彫りの像を作り、「失われた人物を複製」した。[4] 青年の死が彫像の制作のきっかけであったというその解釈は、イメージの作成に死がかかわっていることを強調する。

また、絵画のはじまりが夜にあるということにも注目しておくべきだろう。ブタデスの娘は「ランプによって投げられた」影の輪廓をなぞった。それは、日中の太陽の光によってできる影ではなく、夜の闇のなかのランプによってできる影だったのである。絵画は、薄暗がりのなかの曖昧な光のもとに生まれた。

最初の絵画は、人の痕跡として描かれた。だが、それが痕跡であるとしても、絵画は、単に誰かがかつてそこにいたというしるしであるだけではなく、現にいまそこにあるイメージだ。それは、痕跡でありつつ、現前するものである。だからこそ、イメージは、いつもそれを見る人々に何らかの作用をもたらしてきた。イメージは力を持っていた。そして、そのイメージの力は、死と避けがたく結びついている。

イマーゴ＝顔の模型

「イメージ」という言葉は、「イマーゴ（imago）」に由来している。イマーゴとは、もともとは古代ローマで作られていた顔の模型のことを意味していた。イマーゴは単数形であり、一般的に肖像は複数形でイマギネス（imagines）と呼ばれてきた。

古代ローマで作られていたというイマギネスとは、どのようなものだったのか。実物のイマギネスは残されていない。だが、ローマの大プリニウスや紀元前二世紀のローマの歴史を書いたポリュビオスが、イマギネスがどのようなものであったのかを伝えている。大プリニウスによると、かつて各家に蠟《ろう》で作った一族の顔の模型があったという。この顔の模型は、「一族の間に葬儀がある際、その行列に運んで行く肖像に用いられた。その一族の誰かが死ぬと、必ずかつてその人の家にいた人たち全員が出席したのだ」。家族の誰かが亡くなったとき、イマギネスが祖先の「代理人」として葬儀に参加する。そして、イマギネスは死者の面影をかたちとして残したものというだけではない。それは、死を媒介するものだった。イマギネスを介して、かつての死者たちがあらたな死に立ち会い、あらたな死者がかつての死者たちに迎え入れられる。イマギネスは不在者を代理するものであり、死を介した表象だった。イマーゴ／イマギネスはこのように、死者の「代わり」をなすものとして、死と結びついていた。

イマギネスは一族の死者と生者を結びつけ、とり集める。だから、イマギネスはそれ自体、共同性とかかわっていて、さらにそのことを通して「政治性」を帯びる。死は人間にとって絶対的な限界だが、イマギネスが死者の代理だということは、それが人間の限界を超えたものだということを意味している。死すべきものである人間にとって、死は抗いがたい力を持つため、死は権力の源泉になる。イマギネスには、イメージと権力の結びつきの古い起源があるだろう。イマギネスは、共同体における権力の現前であり、その象徴であり、そしてまた、その集約点として機能したのである。

さらに、イマギネスと権力との関係を強調するのは、あらゆる人がイマギネスを作ることを許されていたわけではないということである。大プリニウスは、イマギネスは各家にあったと記しているが、実際はそれを持つことができた家は限定されていた。古代ローマでイマギネスを作ることができたのは、パトリキ（貴族）と公官吏職に就くことができたノビレス（新貴族）のみだった。[6]「少なくとも公官吏職に就いたことのある過去の家族を表象するために、イマギネスは蠟でその顔を型取りして制作された[7]」。

歴史家ポリュビオスの記述も見てみよう。それによると、イマギネスが持ち出されたのは、高名な人の葬儀のときだった。つまり、イマギネスとは、限られた人のみが作られることが許されていたものであり、限られた人の葬儀でのみ用いることが許されていたものだったのだ。であるとすれば、なおさら、イマギネスの提示は、何よりも力の提示だったということになる。ポリュビオスは次のように記している。「偉業を成し名を上げた人々の肖像がいちどうに並び、まるで生命を吹き込まれたかのような姿を見せているそのありさまを見て、恍惚としない者がいるだろうか。これにまさる景観が、いったいどこにありえよう[8]」。

肖像のはじまり、そしてイメージの端緒がこのようなものであったことは興味深い。このイマギネスの特徴は、近代の「表象」概念と重なり合う。

表象の二つの効果

表象とは何か。それはどのように働くのだろうか。表象とは、英語の「representation」、フランス語の「représentation」であり、「再現」「再現前化」「代行」「代表」などと訳される言葉である。また、この言葉は演劇の「上演」という意味でも使われており、役者が役を演じてある物語を再現することも「representation」という。「再現」「再現前化」「代行」「代表」「上演」、それらをまとめてひとことで言うと、基本的には、「そこにはない何かの代わりに別のものがそれを再現すること」を意味しているということができる。場合に応じてさまざまな訳語があてられる言葉だが、それが主に使用される領域も二つにまたがっている。この言葉は芸術に属する言葉でもあり、政治に属する言葉でもある。芸術の領域では、例えば、絵画がある対象を表現したとき、絵画が対象を表象しているという。政治の領域では、「representative 代表制の」という言葉があてられるように、ある選ばれた少数の者はその人を選んだ人々を「代表」し、彼らの「代行」として何らかの行為をなすことを意味する。

「representation」という言葉は、芸術の領域と政治の領域にまたがって使われてきた。これはなぜだったのか。同じ言葉である以上、「再現」にしても「代表」にしても原理的にはひとつのことを指しているはずである。そして、「representation」という同じ言葉が使われてきたということは、「表象=代行」が、政治と芸術とが重なり、また、分岐する点であることを示している。政治において、そして芸術において、表象という「何かの代わりに別のものがそれを再現すること」は、どのような効果を持つのだろうか。

このことについて、フランスの哲学者・歴史家であるルイ・マランは、非常に重要な考察をおこなっている。マランは、ほかでもない権力と表象の関係をテーマにした著書『王の肖像——権力と表象の歴史的哲学的考察』のなかで、ルイ一四世治下のさまざまな表象の領域を記号論的に考察し、権力は自らの表象を生み出すということ、そして表象は権力として自らを生み出すということを明らかにした。このなかで、マランは、表象する（représenter）には二つの意味があることを明確にし、そのそれぞれがもたらす効果について述べている。[9]

その意味のひとつめは、「再‐現する」「再‐提示する」というものである。「再」にあたるのが接頭語「re」であるが、この場合の「re」は置き換えを意味している。それは、今ここに存在しなかったり他の場所にあったりするもの、すなわち不在のものに代わって、その代わりのものが今ここで提示されるということを表している。そのため、表象の効果は、「他者・不在者をいまここに実物として在るかのごとく在らしめること」ということになる。

そしてふたつめは、「呈示する」「目の前にさらす」という意味であり、こちらの場合は接頭語の「re」は強調や反復を示している。これは例えば、「パスポートを呈示する」、あるいは「認可証を提示する」などと言うときに使われる語であり、何らかのかたちで法的資格の呈示に関係している。その書類の呈示が、書類を呈示するのみならず、その保持者自身がそこに存在することが合法的であること自体を示しているからである。したがって、何かを呈示しつつ自らを呈示するため、表象することが、その主体を構成し裏打ちすることになる。

以上のように表象は、不在や死に代わる現存の効果と、主体を構成する効果という二つの効果をもたらすことになる。そしてその二つが、マランにおいては以下のようなひとつの効果に集約されることになる。

表象機序の第一の効果、表象の第一の力――不在と死に代わる現存の効果と力。第二の効果、第二の力――主体の力、すなわちメカニズムの作用が自己自身へと反射することから生じる体制化、認可＝権威づけ、合法化＝正当化の（権）力。そこで、もし表象一般が現に二重の力を持つものであるとすれば、すなわち不在者や死者を再び想像裡に現存せしめ、さらには生けるものたらしめる力と、これに加えて、現存し生けるものの資質や正当性や資格などの諸々のしるしを存在に提示することによって、それ自身の合法的で権威づけられた主体を樹立する力と、この二つの力を併せ持つとすれば、――言い換えると、もし表象が事実上でも権利上でも、自己の再生産を可能にする諸条件を再生産するものであるとするならば、権力が表象を自己のものとする意義が理解されるのである。表象と権力とは性質を等しくする。[10]

マランは、表象の二つの効果を結びつけ、「表象としての権力」と「権力の表象」が一致していることを示した。そして、マランはその一致を「王の肖像」のなかに見出していくことになる。

芸術と政治を結びつける「表象」

だが、この考え方は決して、近代の「王の肖像」にのみ当てはまるものではない。それは、表象のはじまりとも言えるイマギネス／イマーゴにすでに体現されていたのではないか。

マランのいう表象の二つの効果が示されているもっとも最初の頃の例が、イマギネスだったと考えることができる。それは、イマギネスが、まさに死者の代理として機能しており、そしてまた、ある権利の提示に結びついていたからである。イマギネスは、家族の誰かが死んだときに祖先になりかわって葬儀に参列していた。それは、この肖像が死者の代理とみなされていたということだ。このことは、マランのいう表象の第一の効果、「他者・不在者をいまここに実物として在るかのごとく在らしめること」なのである。

さらに、イマギネスは表象の第二の効果、すなわち、何らかの法的資格の提示に関係している効果も持っていたと考えられる。なぜなら、イマギネスの制作はあらゆる人に認められていたわけではなく、パトリキ（貴族）とノビレス（新貴族）のみに与えられた特権だったからだ。そのため、イマギネスは単なる肖像なのではなく、それを作ることができた権利そのものをかたちとして示したものだった。イマギネスは、公官吏職に就いたときに制作され、その人が亡くなった後に遺族に贈られ、その人物の名誉を保存しその記憶を維持し続ける機能を持つことになった。[11] そして、大プリニウスが記述するとおり、イマギネスを継承した一族はその後の葬儀の際にそのつどイマギネスを展示する「像による葬儀」をおこなっていた。こうして葬儀のつど皆の前に展示されるイマギネスは、先祖の栄誉の記憶を繰り返し集団的に思い返すはたらきを持つ。このような機能を持っていたイマギネスは、マランのいう表象の第二の効果、「資質や正当性や資格などの諸々のしるし」を提示していたのだ。

したがって、マランが絶対王政の肖像に見出したことは、古代ローマで作製され繰り返し展示されていたイマギネスに原初的なかたちですでに現れていたとみなすことができる。イメージを作り出すこと、イメージとして表象することが、一方では不在あるいは死という絶対的不在の代理に結びついていて、もう一方では何らかの力や権利の提示に結びついていたということが、イマギネスにすでに読み取れる。つまり、イマギネスというイメージの原型は、「表象すること」の二つの機能、芸術と政治を結びつけ分節する役割をすでに担っていたのである。

肖像から群像へ

古代ローマにおけるイマギネスは、貴族たちにのみ限定された特権的な表象の方法だった。だが、それにかぎらず、古代から中世の彫像や肖像画は、皇帝などの権威者の像、キリスト、聖人といったものであり、つまりは特別な身分の人々の表象だった。

例えば、ビザンティン美術でもっとも有名なラヴェンナのサン・ヴィターレ聖堂（五四七）の壁画に目を向けてみよう。そこには、キリストやローマで殉職した聖ウィタリス、サン・ヴィターレ聖堂の建設工事を始めた司教エクレシウスなどとともに、廷臣や聖職者を従えた皇帝ユスティニアヌスと皇妃テオドラが描きだされている。ここで、イメージがそこに描かれた人々の権威を示すために用いられていたことは明らかだ。

そして中世の時代になると、キリスト教美術が盛んになり、イメージは壁画やステンドグラスとして、聖堂や教会の建物の一部になり、彫像は教会のなかに置かれたり教会の建物を装飾したりするために作られた。そこに描かれ、彫られたのは、キリストや聖人たち、そして天使たちである。この時代は、光輪を持つ人物像がイメージの中心だった。

このように、古代から中世にかけて、肖像は特権的な身分の人々のものだったのだが、それが変化しはじめたのが、ルネサンスの時期である。ルネサンス期の絵画では、聖人や特権的な身分の人々とは異なる人物がイメージのなかに現れはじめる。さらに、ひとつの場面に描かれる人の数がぐんと増える。より広い階級の人々がイメージに登場しはじめたのだ。

世俗的権力の登場

中世末期、フィレンツェやフランドルの教会や宮廷の壁に、王でもなければ聖人でもない、そう言ってよければ「ふつうの人々」の肖像が展示されはじめた。この「ふつうの人々」とは、まずは銀行家や商人だった。富を得た銀行家や商人は、社会的に力を持ちはじめ、教会の祭壇画を寄進しはじめた。そして、その祭壇画のなかに自分たちの姿を描かせ、それを展示させたのである。寄進者の肖像が現れるのは一三世紀のことだ。祭壇画を寄進したのが誰かを示すために、その故人を絵のなかに描き出したのだった。[12] このようにして、王権や宗教的権威とは無関係の肖像が現れはじめた。はじめは彩色十字架の基部に小さく控えめに描かれた寄進者の肖像は、ジョットの世代から、しだいに大きく

フランチェスコ会の会則認可（ジョット）

描かれるようになっていく。

さらに、ふつうの人々の姿は肖像画というジャンルに限定されることなく現れはじめていた。聖書のエピソードを描いた場面にも寄進者が登場してくるようになったのである。中世の西洋絵画の大半を占めていたのは、キリストや聖母をはじめとする聖書のなかの場面、とりわけその主要人物たちだったが、ルネサンスの時期に一般の人々がその場面に参加するようになる。それをよく示しているのが、美術史家アビ・ヴァールブルクがフィレンツェの文化的・社会的背景を考察しながらルネサンスの芸術を論じるときに取り上げたドメニコ・ギルランダイオの絵である。

ヴァールブルクは、フィレンツェのサンタ・クローチェ聖堂バルディ礼拝堂のジョットの《フランチェスコ会の会則認可》（一三二〇年

教皇ホノリウス三世によるフランチェスコ会の会則認可（ギルランダイオ）

代）とサンタ・トリニタ聖堂のギルランダイオの《教皇ホノリウス三世によるフランチェスコ会の会則認可》（一四八二―八六）を比較し、そこに見られる違いを明らかにした。この二つの絵は、どちらも同じ場面を描いている。中世イタリアの聖人、聖フランチェスコが教皇から修道会の会則を受けとっている場面である。約一六〇年の開きをもって描かれたジョットとギルランダイオの絵は、あきらかに異なっている。

これら二つのフレスコ画の比較から明らかになるのは、ジョットの時代から宗教的関係の形態がいかに根本的に変化したかということである。このように、宗教的に公式とされる造形言語がはなはだしい変化をきたしているため、広く美術史的な訓練を受けた鑑賞者ですら、なんの準備もなくドメニコのフレスコ画を眺めたときには、聖人伝の場面とはまったく関係ないものをそこに探し求めることになるかもしれない。おそらくその鑑賞者は、教会の祝祭か何かがシニョーリア広場で執りおこなわれていると考えることだろう。[13]

ジョットとギルランダイオはまったく同じ場面を描いている。だが、ジョットの絵は一目で有名な聖人伝の場面だとすぐに分かるのに対して、ギルランダイオの絵はシニョーリア広場で繰り広げられる祝祭に見える。この違いはどこから生じるのか。

それは、まず、そこに描かれた人々のためである。ギルランダイオにこの絵画の制作を依頼した商人のフランチェスコ・サセッティ、その息子、そしてロレンツォ・デ・メディチなどがこの絵のなかに登場している。ギルランダイオはその当時生きていた人々を絵画のなかに描き込んだのだ。画面の横脇の手前の方に描かれたサセッティやロレンツォ・デ・メディチは、この聖人伝の一場面を見守っているかのように見える。彼らは聖フランチェスコたちよりも手前に場所を占めているためにひとまわり大きく描かれており、また、赤い衣装の彼らは、この絵の主人公であるべき聖フランチェスコよりもあきらかに目立っている。そして画面の下方にはロレンツォ・デ・メディチの子供たちが階段を上ってくる様子が描かれている。画面の背景の部分には、まさにシニョーリア広場を行き交っているようなふつうの人々が描かれている。その情景は特に聖フランチェスコのエピソードとは何の関係もない、その時代のフィレンツェの人々の日常生活の一場面である。この絵は、両脇にサセッティやロレンツォ・デ・メディチ、下方にロレンツォの子供たち、そして背景にシニョーリア広場を行き交う人々を配置することで、聖人伝の場面を当時のフィレンツェの人々がぐるりと取り囲む構図となっている。ギルランダイオは聖フランチェスコの会則認可の場面を利用して、この絵が描かれた当時に生きていたフィレンツェの人々の姿を描いたのである。

それまで寄進者の特典は、絵の隅にひっそりと敬虔な姿で登場することにかぎられていたが、ギルランダイオと注文主は、この権利をずっと拡大して、聖人伝の見物人としてばかりか役者としてもまた、その生身の肖像を聖なる物語そのものの中に登場させるまでになった。[14]

こうしたふつうの人々の絵画への登場によって、聖書の物語は、天上の物語として提示されるのではなく、世俗の世界に引きつけられたかたちで表現された。

こうして、市民階級の人々の肖像画が絵画のなかに差し込まれはじめ、しだいにその存在を強調するかのように大きく描かれていく。先ほどのギルランダイオの絵には、芸術家のパトロンとなる裕福な商人、そして、後に政治的権力を持つことになるメディチ家の人々が描かれていた。あらたに権力を持ちはじめた人々が画家に自分の姿を描かせたのだ。

こうした「肖像画」は、新しい階層の社会的栄達の表現である。あらたに権力を持った人々が自分の姿を画家に描かせたということ、そこには、自分の存在を見せ、永続化しようという欲望が読み取れる。古代ローマにおけるイマギネスは個々人の欲求とは関係なく作られたものであったが、ルネサンス期のふつうの人々の肖像は、自らの存在を刻み込もうとする個人の欲望に裏打ちされている。そうした欲望によって、肖像のステータスは変わっていったのである。

群衆の登場

誰かが表象されること、それはその表象された誰かの力を表している。表象作用そのものが、政治性を孕《はら》んでいるのである。描かれることに含み込まれた政治性は、表象行為の根本に結びついている。権力の生成そのものを表象がからめとって、イメージとして成り立つ。あらたに権力を持った人々の肖像画が描かれはじめたその一方で、もうひとつ注目すべきことは、同じ頃に無名の人々が群衆というかたちで絵画に登場してくることである。

例えば、ジェンティーレ・ダ・ファブリアーノの《東方三博士の礼拝》(一四二三)やパオロ・ヴェロネーゼの《カナの婚礼》(一五六二—六三)に、数えきれないほどの人々の姿を見ることができる。ファブリアーノの《東方三博士の礼拝》は、幼いイエス・キリスト、聖母マリア、父ヨセフのもとにやってくる「東方の三博士」がテーマだが、そこには、三博士に従って行列をなす大勢の人々が描かれている。彼らは、ほとんどが無名のふつうの人々だ。ヴェロネーゼの《カナの婚礼》は、ヴェロネーゼがこの絵を描いた当時のヴェネチア貴族の宴会の場面に見える。「カナの婚礼」とは、キリストが水をワインに変えるという奇跡を起こしたエピソードの場面である。だが、ヴェロネーゼの絵

カナの婚礼（ヴェロネーゼ）

画のなかでそのエピソードはほとんど強調されていない。キリストは画面の真ん中に描かれているが、大勢の人々のなかに埋もれて、目立たなくなっている。《カナの婚礼》で聖書の出来事は絵画を描く口実にすぎず、むしろほとんど風俗画として描かれていると言ってもいい。聖書の場面を利用して、群衆の姿が描かれたということだ。

だが、「東方三博士の礼拝」にしても「カナの婚礼」にしても、このエピソードに大勢の人々が登場する必要があるというわけではない。例えば、フラ・アンジェリコの《東方三博士の礼拝》（一四二〇、《受胎告知とマギの礼拝》の下部）やジョットの《カナの婚礼》（一三〇三―〇五）を見れば分かるが、同じ場面が、最低限の人数でひっそりと描かれている。ファブリアーノの《東方三博士の礼拝》やヴェロネーゼの《カナの婚礼》には、あえて大勢の人々が群衆として描かれているのである。ジョン・

ポープ＝ヘネシーの表現によれば、群衆の肖像は、一五世紀に「この頃のすべての伝染病と同様、それはとくに猛威をふるった」[15]。つまり、群衆の肖像は、この時代の流行だったのである。

また、このように聖書の場面に人々が群衆として登場しはじめるのとちょうど同じ時期に、宗教的主題とは関係のない都市の情景や農村の情景も描かれはじめていた。そうした絵画には無名の人々が登場する。例えば、ランブール兄弟の《ベリー公のいとも豪華なる時禱書》（一四一三―一六）には、畑に種まきをする人や耕す人、草刈りをする人などが描かれている。ここに描かれた人々は影を持っている。影を持っているということは、「彼らは時間のなかに存在しているのであり、本質にかかわる抽象のうちにではなく、瞬間の唯一無二性のうちに表象されている」[16]ということだ。ここに描かれたのは、時間のうちに生きる人々、つまりは「永遠」のなかにではなく世俗的空間のなかに生きるふつうの人々なのである。

分け前を持たない人々

さらに一六世紀になると、フランスやイタリアで描かれた風俗画において、「名前を持たない、分け前を持たない人々が突然場面の前を占める」[17]ようになる。そこに描かれたのは名もなき貧しい人々だった。こうした名もなき「民衆」とは、古代ローマで言えばプレブスであり、イマギネスを持つことのなかった階層である。その階層が、この時代にイメージを持ちはじめた。

絵画に描き込まれた無名の群衆とはいったい何なのか。当時の世俗的権力者たちが自ら要求して肖像を描かせたのに対して、無名の群衆は自ら描かれることを求めたのではない。ということは、描かれた群衆の姿は、イマギネス＝肖像ではない。彼らは肖像になるほどの力を持っていない。では、なぜ描かれるのか。それは、彼らが存在していたからである。無名の人々が、集合的存在として時代に登場していた。画家はそれを描かざるをえなかったということだ。無名の群衆が描かれたということ、それは、その時代に存在していた無名の群衆が意識にのぼっていたことを示している。

こうしてイメージの世界に、名もなく権力もない人々の姿が現れた。このルネサンスの時代の現象を、肖像の「民主化」と呼ぶことができるだろう。[18] 無名の群衆が、自らの意思とは無関係に、存在として登場したということそれ自体が、表象の場の民主化である。

絵画に登場したふつうの人々は「民衆」と呼ばれるが、「民衆」とは何なのか。それは、英語でピープル（people）、イタリア語でポポロ（popolo）、フランス語でププル（peuple）と呼ばれる。この言葉について、ジョルジョ・アガンベンはこう指摘する。「近代ヨーロッパ諸国においてはこの語が常に、貧民、恵まれぬもの、排除された者をも指している、という事実」がある。「すなわち、同じ一つの語が、構成的な政治主体を名指すと同時に、権利上はともかく事実上は、政治から排除されている階級をも名指している」[19]。

ルネサンス期に現れはじめた人々の形象、それは、一方では政治的主体としての「民衆」であり、他方では貧しく排除された「民衆」だった。そして、貧しい人々が絵画に描かれるというところに、あるひとつの政治的設定がある。「イメージ人類学者」として従来の美術史の方法論を打ち破りつつ新たなイメージ論の展開をおこなっているジョルジュ・ディディ=ユベルマンは、一六世紀に「分け前を持たない人々」が絵画に登場したと指摘している。この「分け前を持たない人々」というのはもともとはフランスの哲学者ジャック・ランシエールが用いた言葉である。ランシエールは、政治が、富める者と貧しい者の闘争の創設と一体となっていると述べる。

分け前なき者たちの分け前、つまり貧しい者という当事者（partie）ないしは集団（parti）が存在するときに、政治が存在するのである。貧しい者が富める者と対立しているというだけでは、政治は存在しない。というよりむしろ、貧しい者を実体として存在させるのが、政治——つまり富める者の支配の単純な諸結果の中断——だと言わなければならない。[20]

ランシエールの言うように、政治が「貧しい者を実体として存在させる」ものであるとしたら、絵画は貧しい者を描き出すことによって彼らを「目に見えるもの」にする。ルネサンス期から描かれはじめた貧しい人々とは、「貧しい人々」として位置づけられた人々である。ある特定の人々を「貧しい人々」として位置づけること、それは、絵画によって支えられるだろう。

人の表象、人々の表象は変遷をたどってきた。特権を表したものであるイマギネスという肖像から出発し、ルネサンス期には聖書の場面を利用して裕福な権力者たちの肖像や群衆像が描かれ、そして一六世紀にはほとんど権利を持たないようなふつうの人々が描かれるようになった。この変遷は、表象の「世俗化」であり、それとともに表象の「民主化」である。「人々の様相はユマニストの大きな転換によって世俗的な次元にもたらされ[21]」「この世俗の転換の後に、露呈されている人々を見ることが考えられうるものになる[22]」とディディ＝ユベルマンは述べている。ルネサンス以前に一般の人々は表象されなかったし、表象されうるものとさえ考えられてはいなかった。人間を前面に押し出すルネサンスの時期を転換点として、ふつうの人々が表象されうるようになったのだ。すなわち、ふつうの人々が「見えるもの」となったのである。

政体の表象と民衆の表象　「ポポロ」のイメージ

ふつうの人々が絵画に登場しはじめる時期は、「民衆」が政治の場面に登場してくる時代とほぼ一致している。イタリア語の「ポポロ（popolo）」は、「民衆」や「平民」という意味だが、一三世紀には、同業組合組織のことを指す固有名詞としても用いられていた。この組織は、構成員の大半が平民だったために「ポポロ」と名付けられたのだ。さきほど触れたように、「ポポロ」という言葉は、「政治から排除されたもの」という意味と、政治的主体という意味をあわせ持つ。まさにその例と言っていいのが、力を持たずに政治から排除された人々だった「平民＝ポポロ」と、やがて政治的主体として権利を持つようになる「同業組合組織＝ポポロ」だ。

フィレンツェの同業組合組織ポポロは、一二五〇年に都市の支配権を獲得した。このときの支配は長くは続かなかったが、その後、一二八三年に成立したポポロの支配はそれから一世紀以上続くことになった。北イタリアの都市国家では君主制へと移行したが、フィレンツェを含むトスカーナ地方では共和制が強く残り続けていた。[23] そして、その後、フィレンツェは、共和制というかたちをとりつつも、実質的には金融業を営む一市民のメディチ家が支配するようになったのである。したがって、一般市民が政治の場面に台頭してきたまさにその時期に、彼らが描かれるものとなったと言うことができる。政治的に「見えるもの」となった人々が、絵画のなかでかたちを与えられたのである。

逆に言うと、ふつうの人々の絵画への登場は、彼らが政治の舞台へと現れ出てきたことそれ自体を表している。そのため、人々がどのように絵画のなかで表象されうるかということは、人々がどのように政治的に表象されうるか、つまり、人々が政治のなかにどういう位置を占めるのかということと結びつけて考えられる。描かれることが、政治空間のなかに登場することとパラレルなのだ。それは、別の表現で言えば、「公共の場（public space）」の出現と言うこともできる。

ひとつの例を見てみよう。ふつうの人々が政治に現れ、絵画に現れたその一致を象徴的に示す作品がイタリアのシエナにある。シエナは、一二世紀に「コムーネ」となった。「コムーネ」とは、君主ではなく、市民の代表が統治をおこなう政治体制の都市のことだ。当時のシエナでは、選び出された九人のメンバーが共和国を統治していた。その九人が評議会をおこなっていた場所がパラッツォ・プブリッコ（市庁舎）のなかにあり、「九人委員会の間」と呼ばれる。この「九人委員会の間」の壁には絵が描かれている。《善政の寓意》《都市における善政の効果》《市外における善政の効果》《悪政の寓意、および都市と田園におけるその効果》というタイトルを持つフレスコ画だ。いずれも、アンブロジオ・ロレンツェッティが政府の依頼を受けて描いたものである。

このなかの《善政の寓意》は、シエナの政体を象徴するものとして描かれている。《善政の寓意》には、「叡智」「正義」「平和」「善政」などが寓意像で表されている。そして、寓意像ばかりではなく、画面の下の方にはふつうの人々が描かれているのが見える。彼らは、その当時の服装を身にまとうふつうの人々、つまりシエナ市民たちだ。聖書を持つ「叡智」の擬人像の下に、天秤を平衡に保つ「正義」の擬人像が配置され、その「正義」から天秤の紐を受けとっているのは「調和」の擬人像だ。そして「調和」はその紐をシエナの都市に向かう二四人の市民に引き渡している。二四人は列をなして、この絵画のなかでもっとも大きく描き出された裁判官の様相の「都市国家シエナ」の擬人像へと向かい、天秤の紐の先端を差し出している。[24] つまり、「叡智」のもとにある「正義」から下ろされた紐は「調和」と二四人の市民たちの手を通って、「都市国家シエナ」へと引き渡されているのである。

この「都市国家シエナ」の擬人像はその横に「剛毅」「賢明」「正義」「節制」「寛大」「平和」を従えている。そして、この絵の銘記には「この聖なる美徳［正義］の支配するところ、市民の多くの魂がひとつに導かれ、彼らは……公共の善を彼らの主人とする」と書かれている。[25] ここで「公共の善」と訳されている言葉は「ベーネ・コムーネ（Bene Comune）」だ。これは、「共通の善」という意味、または、「コムーネ」とは、市民の代表が統治をおこなう政治体制の都市のことであるから、「善きコムーネ」すなわち「善き共同体」「善き政府」という意味合いを含んでいると考えることもできるだろう。ここに描き出されたシエナ市民たちは、「善政」に導かれる人々であり、そしてまた、政体を支えそれを担う人々である。

《善政の寓意》は、政体の表象（代表）としての人々を表象した絵画なのだ。したがってそれは、共和政という政体のあり方を示すイメージであると同時に、政治に参加する人々のイメージである。この絵画では、政体にひとつのイメージが与えられ、人々に重要な役割と位置が与えられている。そして、市民たちはこれを見て、この政治とそこにおける人々のイメージを共有する。

「九人委員会の間」の壁を占める絵画は《善政の寓意》だけではない。そこには、シエナの街の情景が描かれた《都市における善政の効果》《市外における善政の効果》《悪政の寓意、および都市と田園におけるその効果》が並んでいる。こちらは《善政の寓意》とは違って寓意的な絵ではない。《都市における善政の効果》では、美しい建物の立ち並ぶ整備された街のなかで人々が勤勉に働き穏やかに生活している場面が描かれている。靴屋や仕立て屋や大工が仕事をする様子、商人や馬に乗る人、子供たちがいる学校、そして、婚礼の行列、中央に輪になって踊る人々がいる。

さらに、この街の様子に続くようにして《市外における善政の効果》が描かれているが、そこには畑を耕したり種まきをしたりする農民たちが描かれている。穏やかな農村の風景である。それは日常的な情景というよりは、ひとつの理想を描いたものだが、これもまた、ある政体とそこに生きる人々のイメージを描き出したものだ。この絵画には、善政によって実現されるであろう豊かな「社会」の姿が描き出されている。この壁画は、当時のシエナの人々に善政によってもたらされる効果を目に見

善政の寓意（ロレンツェッティ）

えるかたちで示したのだ。

また、ロレンツェッティはこれら壁画の配置にも気を配っている。光が十分に当たる壁に《善政の寓意》を描き、「この都市の庇護から離れてゆくにつれて風景はしだいに暗くなっていく」[26]。また、鑑賞者がこの壁画の部屋に入って最初に目にするのは「悪政」の場面の方で、その「悪政」の場面を見た後に「善政」の場面を見るようになっている。否定的なものから肯定的なものへと視線を動かすように配置されているのである。

シエナのこの絵画は、それを見る人に、イメージを通して、かたちのない価値を示し、人々はそれを共有する。イメージは人々の結びつきを支えるものとなる。イメージが共有されること、それは、存在が共有されることと重なり合う。何らかの価値、あるいはあるべき理想をイメージとして人々に与えることによって、ある共同体の存在が可能となる。このことは、もちろんシエナに限ったことではない。近代の共同体はあまねく、イメージを与えることによって可能となってきたのだ。人は、あるイメージを見ることによって、それを意識し、現実のものとして考えることができる。絵画によるイメージの提示が政体や共同体の形成を支え、それを保ってきたのである。

ふつうの人々がイメージを持ちえた、それが、ルネサンス期に起こった大きな変化だった。そして、ふつうの人々が絵画に描かれはじめたまさにその時期に、絵画のイメージが共同体を支えるものとして機能しはじめた。これは注目すべき点である。ふつうの人々が社会の前景に現れはじめ、市民社会と呼ばれうるものが胎動しはじめる。このときに、それまでイマギネスを持ちえなかったポポロ、つまりはふつうの人々が、自らのイメージを持つことができたのだ。

イメージが共同体を支える

哲学者ジャン＝フランソワ・リオタールは、イメージが共同体を支えることを、近世を貫く視野をもって次のように語っている。

絵画は美しい技術〔＝美術 Beaux-Arts〕に列し、クアトロチェントを通じてほとんど王侯のような権利を認められた。それ以来、数世紀のあいだ、絵画は視覚的なものと社会的なものとの組織化という形而上学的かつ政治的なプログラムの達成にあずかって力があった。光学的幾何学、新プラトン主義風の階層的世界観に基づいた色価（ヴァルール）と色彩の秩序づけ、宗教的ないしは歴史的伝説のもろもろの山場を固定する諸規則、それらは、都市、国家、国民といったもろもろの新しい政治的共同体の同一性を形成する手助けをした。そうした政治的共同体に、すべてを見る使命、世界を単眼で捉えられる透明な（明晰かつ判明な）ものとする使命を与えることによってである。遠近法の舞台におかれたこれらの共同体の構成要素、すなわち物語的、都市工学的、建築的、宗教的、倫理的構成要素は、合法的構成 costruzione legittima〔アルベルティの言葉〕のおかげで画家の眼のもとに秩序づけられる。これに対し、君主の眼も、消失点によって指示された位置から、このように秩序づけられた宇宙を受け入れる。諸侯の館や市庁舎の部屋、そして教会の中に展示されることにより、これらの表現は、共同体のすべての構成員に、あたかも彼らが君主や画家であるかのように、この宇宙に帰属しているという同一性の確認をひとしく可能にする。この、歴史的・政治的同一性の諸記号とそれらの集合的な解読へと公衆が到達できるということのうちに、文化という近代的な観念が誕生した。共和制はこの「あたかも王侯のように」のうちに告知され、もろもろの美術館がこの機能を今に続けているが、逆にワシントンの上院下院、パリの議会の各部屋を一瞥すれば、そうした空間の組織化は美術館の額絵に限られるものではなく、政体それ自体の表現を構造化しているものだということが証明されよう[27]。

イメージは見られる。それは、共有され、人々の意識を生み出す基盤となる。そして、共同体の同一性を支えるものとなる。イメージはそういう機能を持っているということだ。そのためにイメージは明晰なものでなければならないのであり、その明晰化には遠近法（透視図法）という手法が効果的だ。遠近法によって、絵画は、視覚的なものと社会的なものを組織化することができる。遠近法はそうした重要な方法なのである。

中世の絵画は「《全能の神が地上の正義の人々を見つめ給う窓》である円天井の頂きから、その視線が私たちのうえに降り注ぐ」[28]ように描かれていた。中世の時代、「見る」位置におかれていたのは神である。それに対して、ルネサンスの絵画は人の視線で描かれる。「見る」位置が、人間に与えられた。それを可能にしたのが遠近法だった。その背景には、キリスト教的な世界観から人間中心の世界観への転換がある。

遠近法は、一五世紀に建築家フィリッポ・ブルネレスキによって実験され、その後、人文学者レオン・バッティスタ・アルベルティによって理論化された。それは、ひとつの固定された単一の眼によって全体を対象化するようなものの見方である。遠近法は単に絵画の一手法というだけではなく、ルネサンス以来の世界の見方を表したものだ。遠近法が「パースペクティブ（perspective）」という言葉であることからも分かるように、それは「ものの見方」「視点」「見通し」のことなのである。[29]また、イコノロジー（図像解釈学）を理論化し、その方法論を確立した美術史家エルヴィン・パノフスキーは、遠近法とは、無限で連続的な等質的な空間を前提とした視覚の客観化であるという。[30]この見方は、秩序づけられた見方で、それは、「見る／見られる」の秩序関係をも作り出すことになる。

遠近法の発明以降、その見方によって、その秩序のもとで、人は空間を再構成する。そして、このものの見方のモデルは、リオタールの言うように「政治的なプログラム」として機能する。遠近法が政治的共同体の枠組みを表現し、それを実現する手助けをするのだ。そして、このモデルを受け入れて共有することによって、人々はあるひとつの共同体に帰属しているということを確認することになる。

ひとつの共同体に帰属する人々全員が、ひとつの視線を持つ。このことは両面性を持っている。一方では、それによって人が「主体」として確立される。この「主体」としての確立は、政治に参加できる要件を満たすことを意味する。その一方で、それは、統治されることに対する許諾である。その秩序に組み込まれることを受け入れているのだ。この視線の秩序は、一望監視施設「パノプティコン」の「支配する視線」へと結びついていくものでもあるだろう。パノプティコンとは、一八世紀末に功利主義者ジェレミー・ベンサムが考案した監獄である。それは、中央に監視塔が置かれていて、そのまわりに放射状に独房が配置されている。監視されている側はつねに見られる状態にありながら、監視人の姿を見ることはできない構造になっている。こうした構造が、のちにミシェル・フーコーによって管理社会のモデルとみなされた。

絵画はもちろん、いつも完璧に「視覚的なものと社会的なものとの組織化」を実現してきたわけではない。だが、その試みがなされつづけてきたということは確かだ。絵画は、ものの見方のインストラクションとなり、ある理念を具現化するための手掛かりとなり、政治的共同体のあり方を示してきた。西洋絵画が中世においては聖書の場面を示すことによってキリスト教を信じさせるためにはたらいていたのと同じように、ルネサンス期以降においては、絵画は人間の政治的共同体のあるべき姿を描き出して人々に示してきた。それは政治的共同体の形成や確立を促すひとつの重要な装置だったのである。そのために、パノフスキーは、遠近法が近代の「人間の政治《アントロポクラティー》」の出発のしるしであったという。[31]

絵画がそのようなものだったとすると、絵画のなかに描かれる人々は、単純に見るがままに描かれたわけではない。ロレンツェッティの《善政の寓意》が示していたように、人々を表象することのうちにはすでに人々の立ち位置やものの見方の枠組みを決めさせるものがある。ルネサンス期における遠近法の発明とともに、絵画はそのメッセージを持っていたのだ。

国民国家のイメージ

近代に国民国家が形成されていった時期、絵画は何を見せてきたのだろうか。ルネサンスの時期に絵画が政治的共同体を視覚的に提示し、それを人々のうちに根付かせたのとやはり同じように、近代国家がはじまるときにも絵画は大きな役割を果たした。

国民国家の形成にはイメージが必要だった。なぜなら、国民国家とは、フィクションの体制であり、そこに属するとされる個々人が自ら確認できる範囲を超える広がりを持っていて、だからこそそれは想像によってしか支えられることができないからだ。

「国民とはイメージとして心に描かれた想像の政治共同体《イマジンド・ポリティカル・コミュニティ》である――そしてそれは、本来的に限定され、かつ主権的なもの〔最高の意思決定主体〕として想像される」。ナショナリズムに関する考察をおこなった政治学者ベネディクト・アンダーソンはこのように述べ、国民国家が「想像の共同体」であることを指摘した。「いかに小さな国民であろうと、これを構成する人々は、その大多数の同胞を知ることも、会うことも、あるいはかれらについて聞くこともなく、それでいてなお、ひとりひとりの心の中には、共同の聖餐《コミュニオン》のイメージが生きている」[32]。つまり、「国民」はヴァーチャルなかたちでしか存在しないため、表象されたイメージを必要とするのだ。「国民国家」は実は抽象的な観念にすぎないが、イメージによる表象によって、はじめて実効性を持つものとして現れる。それはそれぞれの心のうちで想像されたイメージの場合もあれば、何らかの具体的なイメージが共有される場合もある。

アンダーソンが近代のナショナリズムの表象の例に挙げたのは、無名戦士の墓と碑である。無名戦士の墓は、そこに眠っているのが誰なのか分からない。だからこそ、「これらの碑には、公共的、儀礼的敬意が払われる」[33]。アンダーソンは、このことを、「鬼気せまる国民的想像力が満ちている」[34]と言う。想像力によってネイションは存在するものと想定される。ナショナリズムは想像によって可能になるのだ。

リヴァイアサン

近代の政治空間もまた、イメージを共有することによって成り立ってきた。そのことをよく示している例が、トマス・ホッブズの著書『リヴァイアサン』の扉絵に使われたアブラム・ボスによる銅版画だ。リヴァイアサンとは、もともとは、『旧約聖書』の「ヨブ記」に登場する海獣のことである。その海獣は、「貫通できない自然の鎧を着た怪物」として描写されている。「その背中には幾層もの盾の列があり、火打ち石から出来ている壁に囲まれている。一枚一枚は余りに密接していて、空気がそれらの間を抜けれないくらいであり、それぞれは隣同士非常に堅くかすがいで留められて、くっつき合い、弾けて離れることが出来ないほどである[35]」。これが「ヨブ記」のリヴァイアサンの姿だ。

けれども、ホッブズの本の扉絵に描かれた「リヴァイアサン」は、海獣の姿をしていない。それは、むしろ人の姿をとっている。冠をかぶって右手に剣を持ち左手に杖を持ったひとりの王の姿である。もちろんその王はふつうの人間ではない。この王の姿をした「リヴァイアサン」の身体は、無数の人間の集合によってできている。「ヨブ記」では「リヴァイアサン」の背中に盾が堅くくっつき合っていると描かれているが、ホッブズの本の扉絵では盾の代わりに人間が隣り合い、王が身にまとう「鎧」をかたち作っている。

この『リヴァイアサン』の扉絵が、ホッブズの考える国家のイメージだった。ホッブズは、国家を、「人間が人間に対して狼である」ような自然状態にある人間たちが「契約」によって自らの権力を委譲したときに作られるものとして考えた。だから、人々が王の身体をかたち作っているリヴァイアサン像は、人々が自分の権力を委譲してひとつの国家を作るということをイメージ化したものなのである。無数の人間が集まってできたひとつの王の身体が、人々の権力の譲渡によって設立された国家を表現している。

このイメージはカール・シュミットに、「政治理論史は比喩や象徴、偶像や幻像、例証や空想、標章や寓意などに充ちているが、このレヴィアタンほど強烈な像は例をみない[36]」と言わしめた。さらに、シュミットは「レヴィアタンとは、絶対権力の貴族・教会との闘争という十七世紀の政治状況において、至高・不可分・最強の世俗的権力を、聖書のいう最強の獣に喩えたものに他ならない[37]」と述べる。こうしたシュミットの考えに沿って見てみると、国家という世俗権力は、宗教的なイメージによって支えられていたということになる。だが、ここで重要なのは、ホッブズのリヴァイアサン像が宗教的イメージであるということよりも、人々が王の鎧をかたち作っているということなのではないだろうか。

「ヨブ記」には、「リヴァイアサン」の背中には幾層もの盾がそれぞれくっつき合っていると書かれている。そういう身体を持っているからこそ、「リヴァイアサン」は最強の獣なのだ。そして、ホッブズのリヴァイアサン像における人間は、そのくっつき合う盾だ。このリヴァイアサン像は、国家というある政体の表象であり、そしてまた、人々の表象である。そこには、国家における人々の役割が示されている。国家と人々との関係を図解してみせたのが、このリヴァイアサン像なのだ。

『リヴァイアサン』の扉絵に採用されたアブラム・ボスの銅版画には背中向きの人々が描かれてい

『リヴァイアサン』の扉絵（ボス）

る。だが、下絵の段階では群衆の顔だけが描かれていたという。これは何を意味していたのか。「原典扉絵の光景が市民たちがレヴィヤタンとしての国家形成のために参集した瞬間だとすれば、下書きの素描はその市民たちの身体が一気に融合し国家が成立した直後、彼らがいっせいにこちらに向きを変えた一瞬を捕らえた描写とも言えるだろう」[38]。そうであるとすると、アブラム・ボスの「リヴァイアサン」は、人々が権力を委譲してひとつの国家を作り上げるために参集し、そして国家が成立すると人々は顔だけを残して身体が溶けていくということをイメージ化したものだと言える。個別の人間がホッブズの言うところの「契約」によって権力を譲渡したときに、自らの身体を保ったまま国家の一部となるというのではなく、そのなかに融解していき個別の身体は失われるというイメージは興味深い。この扉絵で、人々は、国家を支えるものとして、あるいはそこに融解していくものとして集合的に描き出されている。そこには、国家と人々との関係性がひとつのイメージとして描かれているのだ。

　ホッブズの『リヴァイアサン』の扉絵の絵は、近代国家のあり方を表現したイメージである。興味深いことがある。一六五一年の英語版の初版では、王の姿の「リヴァイアサン」が左手に持っていたのは杖だった。だが、一六五二年のフランス語版ではそれが天秤に代えられている。杖は宗教的権威を表すもの、天秤は法の支配を表すものだ。[39] ロレンツェッティの《善政の寓意》を思い起こしてみれば、そこでは「正義」の擬人像が天秤を持ち、その天秤の紐がシエナ市民に渡されていた。《善政の寓意》が表現したシエナ市民の役割と、ホッブズのリヴァイアサン像が表す人々の役割が似通っていることが理解できる。

　近代国家はその統治の正統性の根拠を、単なる力にでも神意にでもなく、人々に求める。だから、人々がひとつにまとまって国家をかたち作るというのは、近代の国家のあり方そのものなのだ。近代国家のなかで人々は「国民」になる。そうだとすると、ホッブズのリヴァイアサン像は、人々が国家のなかで「国民」となることを表すイメージであるとも言える。人々は「国民」と名付けられることによって、はじめて「見えるもの」として浮かび上がってくる。このように、「見えるもの」にすることこそが、表象の作用だ。カール・シュミットは次のように言っている。

> 代表〔表象〕は、規範的な事象ではなく、方式でも手続でもなく、実存的なるものである。代表する〔表象する〕というのは、不可視の存在を、公然と現存する存在によって、目に見えるようにし、眼前に彷彿とさせることである。この概念の弁証法は、不可視のものが現存しないと前提され、しかも同時に現存するものとされる点にある。（中略）代表〔表象〕においては、より高次の種類の存在が具現する。代表の理念は、政治的統一体として実存する人民が、何らかの仕方で

共同に生活している人間の集団という自然的存在に対して、より高次の・高められた・より強度の種類の存在を有することに立脚している。政治的実存のこの特質に対する感覚が失せ、人間が他の種類の定在を選ぶようになると、代表［表象］というような概念に対する理解も消失する。[40]

（［ ］内は引用者が挿入）

ホッブズが用いた「リヴァイアサン」の絵は、国家が成立する様子をイメージとして描き出すことによって、国家と国民を「公然と現存」させたものにほかならない。そして、このような表象がなかったとしたら、国家という観念、そして国民という観念は、人々に共有されることはない。これはリヴァイアサン像に限ったことではない。表象はこのような現前の作用によって、観念に実在性を与える。人々は、描かれることによって「見えるもの」となるのだ。肖像画として残されることによって、群像として絵画のなかに描き込まれることによって、そして政体を代表するものとなることによって、つまりは政治的主体となることによって、近代の人々は「より高次の種類の存在」として「見えるもの」になったのである。

歴史画と近代国家

ルネサンス期の絵画は、聖書や神話の場面に人々を登場させてきた。こうした絵画は「歴史画」と呼ばれる。初期ルネサンス期の人文学者アルベルティは、「歴史画こそ画家の至高究極の仕事[41]」であると言い、すぐれた歴史画がどのようなものかを示した。それ以降、歴史画はもっとも高貴なジャンルの絵画として扱われてきた。

歴史画の原語は「ヒストリア（historia）」であり、文字どおりの意味は「歴史＝物語」だ。歴史画という絵画ジャンルがもっとも重視されたのは、それが偶然に選ばれた個人や個物の表象ではなくて、この世界を作り出したエポックメイキングな出来事を総合的に表現したものとみなされたからだろう。そこには世界の成り立ちに関する出来事が「事件」として描き出されている。だから、聖書や神話の物語の場面も「歴史画」としてとらえられていた。その意味で、「歴史画」とは、世界の秘密を開示するような特権的出来事を描いた「物語」であり、その絵画的表象なのだと考えることができる。

聖書、神話、古代ローマの物語、古代ギリシアの物語。こういったものが、一八世紀半ばまで、「歴史画」として描かれてきた。その主題はいつも「過去の歴史」だった。だが、あるときそれが変化する。フランス革命の時期である。この変化は、画家ジャック＝ルイ・ダヴィッドが描いた絵画に顕著に示されている。一八世紀末、ダヴィッドは、《ソクラテスの死》（一七八七）、《ホラティウス兄弟の誓い》（一七八四）、《ブルートゥス邸に息子たちの遺骸を運ぶ警士たち》（一七八九）といった、古代の物語をテーマにした絵画を描いていた。やがてダヴィッドは、古代にかこつけず、同時代の出来事をじかに描き出すようになる。最初は、《ジュ・ド・ポームの誓い》（一七九一）である。これは一七八九年のフランス革命の直前の出来事を描いたものだ。ヴェルサイユ宮殿の球戯場（ジュ・ド・

ポーム）に第三身分の人々が集まって憲法制定を誓った場面だ。ダヴィッドはこの絵画で、同時代に起きた出来事を、「歴史画」として描いた。ここで、「歴史画」は、「過去の歴史」から、今まさに起こっていることとの視覚的記録へと変化している。同時代に起こっている出来事が絵画の舞台を提供するようになったのである。さらにダヴィッドは、三人のフランス革命の「殉教者」たちの死を描き出した。

その後、ナポレオンの首席画家となったダヴィッドは、一八〇五年から一八〇七年にかけて、《ナポレオンの戴冠式》（《一八〇四年一二月二日、パリのノートル・ダム大聖堂におけるナポレオン一世の聖別式とジョゼフィーヌ皇后の戴冠式》）を描くことになる。近代国家の誕生にあたって描かれたこの絵画は、新しい権力のあり方を集約的に表現している。縦六メートル横九メートルほどの巨大な画布には、一八〇四年一二月二日にパリのノートル・ダム大聖堂でおこなわれたナポレオンの戴冠式が描かれている。このとき、ナポレオンは、教皇から冠を授けられるのではなく、自ら冠をかぶり、そして彼自身の手で皇后に戴冠したという。ダヴィッドが描き出したのは、ナポレオンが教皇を背にして皇后に戴冠しているシーンだった。《ナポレオンの戴冠式》は、近代国家の誕生を基礎づけ、国民の創生に寄与する絵画である。

この絵は、「現在進行中の事件や出来事を、あたかも巨大スクリーンの中で体験させるようなスペクタクル的な効果[42]」をもたらすことを可能にする。しかし、この絵がスペクタクルの効果をもたらしている理由は、その画面の大きさだけにあるのではない。そこに描かれた人々が、ほぼ等身大の人間

ナポレオンの戴冠式（ダヴィッド）

なのだ。ナポレオンを含めそこに参加している人々は、それを見ているわたしたちとほとんど同じサイズで描かれている。このため、この絵が描かれた当時にこれを見た人々はこの戴冠式に参列しているように感じただろう。この等身大の効果によって、それを見る観客は、絵画空間に参加することができる。観客は、そこに見える出来事を目撃し、そこで起こっていることを受け入れ、共有する。この絵は、観客参加型のスペクタクルとなって展開されるのである。

ナポレオン自身も、この絵画が人々にもたらす効果を認識していたと言われる。彼は、この絵画的スペクタクルを人々に経験させるために、ルーブル宮を美術館として一般に公開し《ナポレオンの戴冠式》を誰もが見られるようにした。

こうして、この絵は、これを見る人々が自らをフランスの「国民」として意識するための装置として機能したのだ。「見ること」は演出され、見る者がその場面に参加しイメージを共有する。そして、イメージを共有するということが、ある政治的権威を受容することに結びつく。展示された絵画を「見る」という空間のなかで、イメージの共有の経験と政治的権威の受容が演出されているのである。

近代国家と美術館

美術館は「見ること」が演出される公共の空間だ。《ナポレオンの戴冠式》のように、表象されたイメージが展示され、人々はそのイメージを共有する。イメージの共有、そして「見る」という経験の共有によって、人々は公共の場所に参加する。そうして「国民」の意識という人々共通の意識を持つ。この「国民」の意識こそ、近代国家にとって重要なものだった。

描かれたイメージが近代国家という共同体の形成を基礎づけ、それを正当化する役割を担うことがある。絵画などの具体的なイメージがなくとも、国民国家は「イメージとして心に描かれた想像の共同体[43]」なのであり、心のなかに思い描くだけでも国民国家は成り立ちうるかもしれないが、絵画の諸々のイメージはその補強をおこなう。そのための設備のひとつが美術館だろう。

美術館が多くの市民に公開されたのは、美術館が、絵画という視覚メディアを通じて、ナショナリズムの高揚のための、そして「国民《ネイション》」という新しい集団の形成のための政治的装置として有効であると判断されたからである。近代の国民国家はナポレオンの登場によって生まれるが、美術・芸術もその政治制度の一部を担うイデオロギーとしての役割があてがわれたのである。[44]

ナショナリズムの意識の醸成を意図して描かれた絵画のイメージを共有する人々は「国民」として自らを認識する。そのために国家の出来事が積極的に絵画に描かれ、それを展示する美術館という空間が制度として成立した。近代国家において、イメージは組織的かつ意図的に活用される。近代国家においてイメージを持つこと、そしてイメージを見せることは重要である。なぜなら、国家それ自体は目に見えないものだからだ。「いかに小さな国民であろうと、これを構成する人々は、その大多数の同胞を知ることも、会うことも、あるいはかれらについて聞くこともな[45]」い、それにもかかわらず、国家が成り立ち、その成員が「国民」であることを自覚することができるのは、イメージがあるからだ。国家がイメージとして心のなかに描かれた共同体でしかないからこそ、具体的なイメージは絵画や写真や映画といった表象芸術によって与えられることになる。

近代国家において、統治に正統性を与えるのは国民である。そのためには、人々は自らを「国民」として意識し、国家における「国民」として存在しなければならない。これは、まずは、人々が「国民」と呼ばれることによって成り立つ。「国民」と呼ばれたときに、はじめて人々は自らを「国民」として認識し、彼らの姿が「見えるもの」となるのだ。さらに、「国民」としての自らを認識するためにイメージが活用されてきた。人々が何らかのイメージを共有することによって、「国家」という存在、あるいは不可視の国家に実在性が与えられる。

新しい歴史画

　ダヴィッド以降、画家たちは、民衆の出来事を歴史的出来事として描くようになった。自らが生きる時代のアクチュアリティを現在進行形の「歴史」として、言い換えれば、「画期的」事件としてとらえたのである。歴史画は、アクチュアリティと一体化していく。例えば、ウジェーヌ・ドラクロワは、一八三〇年のフランス七月革命を《民衆を導く自由の女神》（一八三〇）として描いた。アレゴリーとして描かれた「自由」は銃を手にした女性の姿で、前へ前へと進んでいく人々を率いている。この絵にはタイトルどおり「民衆」が描かれている。彼らは政治的主体として行動を起こした「民衆」である。フランス共和制のイコンとみなされているこの絵は[46]、政治の場面の前景に一般の人々が主体的に出てきた様子を描いたイメージだ。同時代の出来事が歴史画として描き出されるようになった時期に、民衆は、それまでの時代と比べるときわめて意識的な政治的主体として絵画のなかに登場してきている。しかし、よく見てみれば、《民衆を導く自由の女神》のなかでは「自由」が率いる民衆の手前に死体が転がっている。その死体のひとつからは、衣服がほとんど剝《は》ぎ取られ、シャツと片足にだけ靴下が残されている。

　衣服を剝ぎ取られた死体。これとよく似たものを、他の絵に見ることができる。テオドール・ジェリコーの《メデューズ号の筏》（一八一八―一九）である。《メデューズ号の筏》のいちばん手前には、靴下のみを身につけた死体が描かれている。この《メデューズ号の筏》も新しいかたちの歴史画とみなすことができるだろう。この絵は、一八一六年にフランス海軍の軍艦「メデューズ号」が難破した事件を題材にしたものだ。この事件は、政治的なスキャンダルを引き起こした。メデューズ号が難破した際に、王党派の亡命貴族だった船長が船員以外の人々を見捨てたためである。ジェリコーの描いた漂流する筏には、その見捨てられた人々、つまり死の淵に置き去りにされた人々が乗っている。ジェリコーにおいて歴史画は、ある事件を描くことによって、それを人々に伝え、告発するものともなった。

このようにして、ダヴィッド以降、画家は同時代の出来事を「歴史画」として描きはじめる。この新しい歴史画には二つの特徴がある。ひとつは、それが必ずしも偉大な出来事ではなく、英雄が描かれているのでもないということだ。

もうひとつの特徴は、無名の人々の生々しい死体が描かれていることだ。ダヴィッドの《ソクラテスの死》や《ブルートゥス邸に息子たちの遺骸を運ぶ警士たち》でも死がひとつのテーマにはなっているが、それは英雄の美化されうる死であり、その死には意味が与えられていた。それに対して、新しい歴史画で浮かび上がってきたのは、ふつうの人々の美化されることのない死だった。歴史画というジャンルは、古代の出来事の描写から現代の出来事の描写へと移っていき、英雄を描くことから名もなき人々を描くことへと移っていったと言うことができる。

しかし、そのような変化にあっても、歴史画のなかで死が鑑賞者に対して示され続けていたということは注目に値する。ダヴィッドは革命の殉教者たちを描いたが、それは、絵画によってその死を意味のあるものにするためだ。だが、時代を下ると、絵画は無意味な死を描き出しはじめる。無意味な死を描くということ、それは、死そのものの露呈である。隠されることのない死が、絵画のイメージとして露呈している。そうした絵画が、「歴史画」となっていったのである。

第二章 「人々」の位置

——われわれは何者か

絵画のモダニティー

エドゥアール・マネの絵を見たことがあるだろうか。おそらく、誰の作品か知らなかったとしても、教科書やポスターで《笛を吹く少年》(一八六六)という絵を目にしたことはあるだろう。鼓笛隊の少年が、横笛を吹いている絵である。わたしたちはこの絵を見ても何の違和感も感じないだろうが、これが描かれた当時の人々はこの作品を見て戸惑いを覚えた。

「近代絵画」はエドゥアール・マネとともに始まったと言われる。これはすでに定説として落ち着いている。例えば、ジョルジュ・バタイユの『沈黙の絵画』。ミシェル・フーコーの講演。ガエタン・ピコンの『近代絵画の誕生　一八六三年』。彼らはそれぞれに、マネとともに「近代絵画」が誕生したことを表明している。とりわけ、ピコンは、一八六三年を決定的な年としている。マネが《草上の昼食》(一八六三)を描いた年だ。そのとき、絵画の何が変わったのだろうか。

マネが何を変えたのかを確かめるために、まずは、マネより前の絵画がどのようなものであったかを確認しておこう。マネ以前の西洋絵画の特徴をその後の絵画と比較してみると、二つの大きな特徴を見ることができる。ひとつめは、その外部に参照項を持つということ。ふたつめは、絵画が独自の表象空間だということ。

ひとつめの特徴は、何がそこに描かれているかにかかわっている。マネ以前の西洋絵画は、主に神話や聖書の物語、あるいは歴史的出来事を主題として描かれてきた。大きく分けて「歴史画」と分類される絵画である。ということは、絵より先に何らかの物語があり、絵画はその物語を描いたということだ。ガエタン・ピコンによると、過去の画家たちは、「集団的な記憶や夢想に属していたもの」「いろいろな伝説と神話、歴史の偉大な行為と人物、美の理想的な造形、欲望の理想的な対象」を描いてきた。[1]そのような絵画は、理想の世界を出現させる役割を担っていた。それはあくまでも理想の世界なので、わたしたちが生きる日常の世界とは切り離された、非現実的な光景である。

また、ピコンは次のように述べる。「十九世紀前半でも、あいかわらず伝統にもとづいた非現実的な絵がフランスの絵画を支配していた。ダヴィッドは神話の代わりに歴史をおきかえた。というよりも、むしろ歴史に神話的なひろがりをあたえたのである」。[2]すでに見てきたように、ダヴィッドの《ナポレオンの戴冠式》は新しい国家の創設を記念し表象していたが、そこに描かれたのは神話に置き換わる「歴史＝物語」だった。ついでに述べておくなら、これまで見てきたように、ふつうの人々が絵画に現れるのも、ほとんどが「歴史＝物語」の場面を利用してだった。聖書の一場面のなかに群衆として、あるいはイタリア都市国家の共和政の寓意的イメージとして、そして、国民国家を支える「国民」として、人々は絵画に登場していたのだ。

マネ以前の絵画のふたつめの特徴は、絵画が表象の空間だということだ。絵画を見る人たちはそれが「描かれたもの」であることを特には意識しなかった。一五世紀以来、西洋絵画では、壁やキャンバスなどの「空間上に絵画が置かれ、あるいは描き込まれているものだという事実を忘れさせ、覆い隠し、巧みにかわすように努めるのが伝統」[3]だった。「つまり、程度の差はあれ長方形で二次元のこの表面に絵画が依拠していることを忘れさせ、その絵画が置かれている物質的空間を表象された空間へと置きかえ、その表象された空間が、画家の描いている空間それ自体を、言ってみれば否定していた」[4]。

描かれている光景が非現実的なものであるにもかかわらず、それは三次元の空間に見えるように表現される。そのことによって、その場面は現実感を持って現れてくる。それが混ぜ合わせた絵の具の重なりとして見えることは決してなく、つねに何かを表現したイメージとして見える。壁に描かれた絵画は、そこが壁であることを忘れさせるし、そこにあるものがただの絵の具の塊であることも忘れさせる。わたしたちが見るのは、壁でもなく絵の具でもなく、そこに描かれた「絵画」である。このように壁や絵の具などを忘却させることこそが絵画にとっての成功として考えられていた。そして、マネ以前の絵画にとっては、どのようにしてそのイリュージョン化を成功させるかということが重要だったのである。

物質としての絵画

だが、マネはこうした西洋絵画の伝統を覆した。マネは、神話や聖書や歴史の物語を参照する絵画であること、そして、表象の空間であることという、この二つの約束事を破ったのだ。

マネの絵画には神話や歴史にもとづいた主題があるわけではない。それはむしろ主題に対して無関心であるとも言える。バタイユは「マネが情熱のレベルにまでもち来たらした彼の描く歓びは、ラファエロやティティアーノが満足していた神話的世界に彼を対立させる、あの神聖な無関心と混り合ったのである」と言い、「主題に対する無関心は単にマネの特性にとどまらず、また印象主義全体のそれ、そしてわずかの名を例外とすれば、近代絵画のそれである」と述べた。[5]

近代絵画で描かれるもの。それは、絵を描くための口実にすぎない。例えば、《笛を吹く少年》（一八六六）や《バルコニー》（一八六八—六九）には特にストーリーがあるわけではない。さらに、《草上の昼食》（一八六三）や《オランピア》（一八六三）は、過去の絵画を利用して描いているが、この事実は、むしろマネの作品の「無関心」性をますます強調することになる。マネが過去の絵画を真似するとき、そこにあった物語が抜き取られてしまうからだ。例えば、ベッドに横たわる女性を描いた《オランピア》は、ジョルジョーネの《眠れるヴィーナス》（一五一〇—一一頃）やティツィアーノの《ウルビーノのヴィーナス》（一五三八）のヴィーナスたちと同じポーズをとっている。マネは、ヴィーナスのポーズで横たわる娼婦を描いたのだ。だが、ポーズは同じでも、マネが描いたのはひとりの生身の女性であり、「美」の象徴ではない。マネは神話に源泉を持つ「美」の象徴を抜き取って、ふつうの生々しい人間を描いたのだ。

もうひとつ別の例を見てみよう。当初は《水浴》というタイトルだった《草上の昼食》は、一九世紀中頃に都市の中産階級のあいだに広まった河畔の水浴の光景を描いている。この絵の中央に置かれた三人は、マルカントニオ・ライモンディの《ラファエロのパリスの審判による銅版画》（一五二五頃）[6]の右下に描かれた三人の人物と同じポーズをとっている。また、ティツィアーノ（あるいはジョルジョーネ）の《田園の奏楽》（一五一〇—一一）の構図とも類似している。《田園の奏楽》はウェルギ

草上の昼食（マネ）

リウスの詩『牧歌』をもとにして描かれた詩の寓意図と言われ、二人の着衣の詩人と二人の裸体のニンフが描かれている。二人の着衣の男性とともに座る裸の女性と、水を汲む裸の女性という構成が《草上の昼食》とまったく同じである。マネは《草上の昼食》を描くにあたって、こうした過去の作品の構図やポーズを参照した。しかし、絵画全体から一部の構図やポーズを抜き出すことによって、もとの絵画に込められていた意味を消し去っている。何らかの物語を持つ絵画から抜き取った些細な一部は、明らかに何の意味も持たないからだ。ラファエロやティツィアーノの構図やポーズを利用していることによって、逆に、過去の絵画との違いがはっきりとしてくる。マネの絵画は、絵画の外にある物語を示唆するのではない。それは、その絵画の内側で起こる出来事としてのみ存在している。

マネの絵画は、外部の参照項との関係を断ち切った。こうして、絵画は自立性を獲得する。つまり、絵画は「描くこと」それ自体になったのだ。このため、マネの絵画に「描かれているものは、表現されたものを指向しているのではなく、（その全体において、またはその一部分において）表現するという行為を指向しているのである」[7]。そこには痕跡、すなわち「人間の行為と構成されようとしていた自然との間に生じた出会いの線、手と眼との間に生じた出会いの線」[8]が描かれる。それまでの絵画では、そこに描かれたものしか、つまり「絵画」という「結果」しか見えていなかったのであり、だからこそイリュージョン化に成功していた。

ラエァエロのパリスの審判による銅版画（ライモンディ）

それに対して、マネは、筆致を、つまり描くプロセスそのものを絵画に残した。このことは、絵画の物質性を明らかにする。つまり、それがキャンバスや絵の具であるということ、そしてそれが描かれた「絵画」であるという事実を露わにするのだ。これを絵画の痕跡性と呼ぶことができる。絵画の主題とはまったく関係のない筆致は、絵画の自立性の表れである。自立性と痕跡性によって、絵画は「近代絵画」として新しい段階へと入っていった。絵画は、表象の空間としてイリュージョンを見せるものではなくなった。ピコンは近代絵画を「痕跡」と呼び、バタイユはそれを「しみ、色彩、動き」と呼んだ[9]。

フーコーは次のように言う。

確かにマネは、非表象絵画を発明したわけではありません。マネの作品はすべて表象的なのですから。しかし彼は、キャンヴァスの基本的な物質的諸要素を表象の内部において用いたのであり、こう言ってよければ、〈オブジェとしてのタブロー〉、〈オブジェとしての絵画〉を発明しつつあったのです。それはおそらく、人がいつか表象そのものを捨て去り、空間がみずからの純粋で単純な諸特性、その物質的諸特性そのものと戯れるがままにするための根本的な条件だったのです。[10]

マネの絵画は物質性を前面に出すことによって、絵画自体がひとつの「オブジェ」あるいは物質となる可能性を示した。そして、マネの絵画がまだ十分に「表象」であるとしても、それが物質性を持って現れてきたことによって、いずれ絵画が何かの「表象」であることを捨てうる、つまり、「表象」であることなしに作品として成立しうる可能性を孕んでいることを示した。

近代絵画の特性は、自立性と痕跡性、そして物質性にある。そうした特性を持つマネの絵画に、ピコンやバタイユやフーコーは「近代絵画の誕生」を見たのである。マネとともに絵画は、外部に参照項を持つ表象の空間から、自立した絵画へと移行した。

鑑賞者のまなざし

さらに、この移行には、ある逆転が見られる。マネ以前の絵画の特徴は、参照すべき物語があることと外部に参照項を持つこと、イリュージョンを現出させることだった。この二つの特徴は、一見すると、お互いに矛盾するもののように見える。なぜなら、絵画の外部の参照項となる何らかの物語は、わたしたちが見たこともない非現実的なもの、非日常的なものだが、それをあえてイリュージョンとして「現実的」に見せようとする試みだからである。逆に言うと、絵画が二次元の空間であることを隠しつつわたしたちの目の前で起こっている現実の出来事であるように見せかけている光景は、実際のところは非現実的で非日常的な光景なのである。

ルネサンスからマネに至るまで、画家はこの矛盾を絵画のなかで表現してきた。そして、マネはそれとは逆の試みをおこなった。いくつかの例外はあるが、マネが描き出したほとんどの場面は、わたしたちが普段目にしている光景だ。例えば、バーのカウンターに立つバーテンダーの女性を描いた《フォリー・ベルジェールのバー》。それは、極めてありふれた現実的な光景を絵画の空間に移し替えている。だが、マネはそれが表象の空間であることを暴露する痕跡を残す。そうした痕跡があるために、そこに描かれたものは「現実的」には見えない。それまでの絵画がおこなってきたことと逆のことが起きているのだ。

マネが描く場面は、わたしたちが見たことのない場面ではなく、いつも目にしている場面だ。そして、イリュージョンの空間は、平面以外の何ものでもない絵画となった。マネ以前の絵画では非現実的な光景が現実に見えるように描かれ、マネの絵画では現実的な光景は「絵画」として描かれる。しかし、マネが筆致を粗く残しながら平坦に描くとき、つまり、それが描かれたものであることを堂々と見せつけながら現実的な光景を描くとき、それはむしろリアルに見えてしまう。それを見るとき、それが描かれた「絵画」であるということを分かっているにもかかわらず、そこに描かれたものは触れることができそうなくらいにわたしたちの近くに迫ってくる。

このことは特に、マネの絵のなかの人物が鑑賞者に向かって視線を投げかけているように見えるときに明らかになる。マネの絵のなかの人物がこちらを見ているとき、わたしたちは、まるで現実の世界で誰かに見られているのと同じように「見られている」ことを感じる。マネの絵画に登場する人々はほとんどの場合、特に何かをしているわけでもなく、ただそこにいる。《オランピア》では女性がベッドに横たわり、《草上の昼食》では会話する男性と一緒に裸の女性が座り込み、《バルコニー》では三人の人物がバルコニーから外を眺め、《フォリー・ベルジェールのバー》では女性がカウンターの向こう側から見ている。彼らはそれぞれに何かを待っているようであるが、今この瞬間は特に何もしていない。彼らがしている唯一のことは、こちらを見つめるということだけである。《フォリー・ベルジェールのバー》ではカウンターの向こう側の女性がこちら側にいると想定される客を見ている構図であり、《オランピア》や《草上の昼食》の裸の女性は明らかに観客に向けて視線を投げかけている。

マネの作品における視線の問題は重要である。描かれた人物の視線は、絵画とそれを見るわたしたちとの関係性にかかわってくるからだ。絵画を見るわたしたちと絵画の関係性の変化、これがマネがもたらしたひとつの新しさである。

よく指摘されるように、絵画とは「まなざし」の問題である。例えば、絵画のひとつのテーマが「視線」であると述べたジャン・パリスは、「空間全体を一望のもとに収め、あらゆる時代を包摂し、あらゆる存在を従えるこの絶対的視線[11]」によって絵画がコントロールされていたことを指摘した。また、ひとつの固定された単眼を想定する遠近法というルネサンス以来用いられてきた形式、あるいは、近代的な「個人」を成立させる理論的仕組みとなったカメラ・オブスキュラなどが、絵画と「まなざし」の関係を示している。

フォリー・ベルジェールのバー（マネ）

ルネサンス以降の絵画は、鑑賞者に安定した位置を与えてきた[12]。それによって、鑑賞者は「見る主体」として成立し、絵画を「見る対象」として眺めることができる。こうした絵画と鑑賞者との関係はマネにおいて変化することになる。この変化について、近代の「視の制度」を分析してみせたマーティン・ジェイは裸体画の考察として以下のように述べている。

カラヴァッジオの誘惑する少年たちやティツィアー

ノの『ウルビノのヴィーナス』のような例外はあるものの、ふつう裸体は観客を見返すことはできず、観客の側から一方的にエロティックなエネルギーが注がれていたのである。西欧の美術史において、観客の眼差しと描かれた裸体の眼差しとが決定的に交差するのは、ずっと時代を下って、マネの『草上の昼食』や『オランピア』のような衝撃的な裸体が登場したときのことだった。[13]

視線は一方的ではなく「交差する視線」となる。マネの絵画の登場人物の視線は絵画の外へと向けられている。彼らは何を見ているのだろうか。その視線は、絵画を見ているわたしたちへと向けられているように見える。

一方で、フーコーは《オランピア》を見る鑑賞者の視線を問題にした。[14] マネの《オランピア》は、それが発表された一八六五年当時、スキャンダルを引き起こした。その理由を、フーコーは、その絵が「われわれがいる場所」から発せられる光によって照らし出されているせいであるという。その絵画を照らし出し、それを「見えるもの」にしているのは、わたしたち鑑賞者の視線なのだ。

一方には絵画のなかの人物が鑑賞者に投げかける視線があり、もう一方には鑑賞者の視線がある。視線が交差する。このことによって、絵画を見る人と絵画とは決して無関係ではなくなる。そして、そのことは、マネが日常的な風景のなかに一般の人々を描いたこととともつながってくるだろう。マネが描いたのは、聖書や神話の物語のなかの登場人物でもなく、歴史や政治的出来事のなかに位置づけられる「国民」や「民衆」でもなく、むしろそうしたアイデンティティを持つことに無頓着なふつうの人々である。[15] マネの絵画のなかでは、そのような「誰でもない」人々がわたしたちの視線に対してさらされている。

マネ以前の絵画は、絵を見る人たちに安定した鑑賞の位置を与えていた。描かれた物語はすでに完結していて、絵を見るわたしたちがそこに口を挟む余地はない。そのため、わたしたちは安心して絵を外側から眺めていればいいだけだ。

ところが、マネはその安定した鑑賞の位置を突き崩してしまう。このことが意味するのは、絵画と絵画の外部の参照項との関係が保たれていたあいだは、絵画と鑑賞者との関係はある程度は間接的な関係ですんでいたのに、絵画が「自立」した途端に、絵画と鑑賞者との関係がもっとも大きな問題として現れてきたということだ。絵画の問題は、絵画と絵画の外部の参照項との関係から、絵画と鑑賞者との関係へと移行したのである。その移行において「見ること」が決定的に揺るがされている。

絵画がわたしたちの目にさらされているというのはどういうことなのか。そして、フーコーの言うように「見る」わたしたちに責任が生じるとはどういうことなのか。それは絵画とわたしたちとのきわめて親密な関係、切り離しえない関係を示している。この新しい関係性こそが、「近代絵画の誕生」と同時に生じてきたものだ。その意味では、マネの絵画は決してそれ単体で存在し完結しうるような「自立性」によって特徴づけられるのではなく、それを見るわたしたちとの関係のなかに存在するようになったと言えるだろう。絵画は鑑賞者に対してさらされ、それを見るわたしたちと直接的に関係を結ぶことになったのである。

作品のエクスポジション

マネの絵画の新しさはそれだけではない。フーコーはマネの絵を、「《美術館用》絵画」と呼んだ。それは、展示のために描かれた絵だということだ。

わたしたちは芸術作品を、どこで見るだろうか。美術館で見るという答えが真っ先に挙がってくることだろう。世界中には驚くべき数の美術館が存在していて、驚くべき数の展覧会が開かれていて、わたしたちはそこに足を運ぶ。芸術作品が展示されるということ。いまでは、芸術作品が美術館やギャラリーで展示されるのは、ふつうのことだ。だが、そのような展示の歴史は比較的新しく、近代以降に始まったものだ。それ以前は、すでにいくつかの例で見てきたとおり、宗教的主題の絵画や政治的主題の絵画は特定の空間と切り離しえなかった。聖書の物語はキリスト教の教会のなかにあり、アンブロジオ・ロレンツェッティの《善政の寓意》のような絵画は政治の空間の内部にあった。つまり、作品は特定の空間で特定の機能を果たしていたのである。また、それ以外の場合は、王侯貴族や裕福なコレクターによって個人的にコレクションされていた。

今日の形態の美術館は、一七九三年にフランスで始まる。その年、フランス王の宮殿だったルーブル宮の一部「サロン・カレ」と「大ギャラリー」が一般に向けて公開されることとなった。これがルーブル美術館の前身である。宮廷のコレクションや個人専有のコレクションだった芸術作品が、すべての一般の市民に対して公開された。このことは、芸術の公共化と「民主化」を表している。[16]一般の人々が絵画に描かれはじめたルネサンス期が芸術のひとつの「民主化」だったとすれば、一般の人々が美術館で自由に作品を見ることができるようになったことはもうひとつの芸術の「民主化」である。さらに、ルーブル宮が美術館として公開されるようになったことは、芸術作品が「国民」の共有財産であるという宣言でもあった。

今日の形態の美術館は近代国家の産物として生み出されたものだった。「美術館」「博物館」（英語の「museum」、フランス語の「musée」）は、もともと何を意味していたのだろうか。その語源に立ち戻ってみると、それは「ムーサイ（ミューズ）の神殿」のことだ。ムーサイの神殿は奉納物が集められ展示されていた場所だった。

「祭儀によって神に捧げられ神によって受け取られた品物は、『聖なる物（sacrum）』となり、神々の威厳と不可侵性に参与する。それを盗んだり、位置を変えたり、用途を変更したり、あるいは手で触れさえすることは、神を冒瀆する行為である」。実際この場合においては、用途について語ることはできない。聖なる場所に収められた品物は、実利的な活動の領域とはまったく正反対の領域に移行したのである。この場所の内部では、「石を拾うことも、土を採ることも、木を切ることも、建物を建てることも、耕すことも、住むこともできない」。したがって、そこでは品物はただひとつの役目しか果たさない。つまり、それらが装飾している聖なる建物、あるいは奉納物の数があまりにも多すぎて礼拝の場所をいっぱいにしてしまったときに、それらを収蔵するためにわざわざ作られた建物のなかで、視線にさらされるのである。[17]

ムーサイの神殿に集められたものは、「経済活動の流通回路からはずされた品物」[18]であるとともに、人々の視線にさらされたものである。「品物が神々や死者に贈られているときには、それらが人々の目に展示される必要はない」[19]にもかかわらず、である。神殿に巡礼する人々は祈りを捧げるだけではなく、それらの品物を見物していったのだという。こうしたものであるムーサイの神殿が、「博物館」「美術館」という言葉のもとになっている。そこに置かれたものは、展示され、人々の視線にさらされている。そうであるとすると、美術館という場所に置かれた作品とは、まず何よりも人々に対してさらされたものなのだ。しかもそれはさらされるのみであり、それ以外の目的を持たない。だから、美術館とは、文字どおり「エクスポジション（展示）」の場なのだ。

美術館における「エクスポジション（展示）」がより大きく意味を持ってくるのは、マネから始まる「近代絵画」以降だ。

フーコーは、マネの作品を、「《美術館用》絵画」と呼ぶ。図書館という「書物のアルシーブ」が文学の書かれ方を変えたのとちょうど同じ頃に「《美術館用》絵画」が描かれはじめた。フーコーは、最初の「《美術館用》絵画」を具体的に名指ししている。マネの《草上の昼食》と《オランピア》だ。

> ヨーロッパ芸術においてはじめて——必ずしもジョルジョーネやラファエルやベラスケスに合図を送るためでなく——そうした個別的で目に見える関係にはしばられず、判読可能な典拠引用《レフェランス》よ

り深いところで、絵画が絵画自体に対してもつ新しい［、そして実りある］関係を示すために、画布が描かれた。美術館という存在と、そこに展示された作品があらたに身につける存在のありようや相互に結ばれるやり方とを、明らかにするために、画布が描かれた。[20]（［　］内は引用者が挿入）

美術館に収容され展示される絵画は、ほかの絵画との関係性のなかに置かれる。つまり、そこでは、展示されることそのものが意味を生み、価値を生み出していくのだ。作品はつねに展示されることを意図しているものであり、展示されることによって展開していく。美術館の語源からしても、作品は美術館で鑑賞者に対して展示されることを意図しているが、フーコーの言うように、マネ以降の近代絵画が「《美術館用》絵画」として、人の目に触れることに大きな意味を見出していくことになる。それは、作品が鑑賞者に対して開かれるということだ。

美術館ができたことによって、作品は「展示されるもの」になった。そして、そのことによって、作品そのもののあり方が変わる。美術館で前面に出てくるのは、むしろ観客だ。芸術作品の展示は、観客が自分自身を見つめる装置として機能する。つまり、「エクスポジション」は単に作品を展示しているというだけではなく、作品を見る観客自身をさらし出すものなのだ。

また、ヴァルター・ベンヤミンは、「複製技術時代の芸術」を分析するなかで、近代に芸術の価値が「礼拝価値」から「展示価値」にシフトしたことを指摘している。[21]ベンヤミンによると、芸術の生産は呪術の儀式に用いるために始まった。そこでは「存在するということだけが重要なのであり、見られることは重要ではない」[22]。しかし、芸術が呪術的、宗教的な儀式から離れていくにつれて、芸術作品が展示される機会が増えていく。作品が隠されたものではなく、多くの人々の目に触れるようになったということである。

ベンヤミンは、芸術作品の複製技術の発展が作品が展示される可能性を増大させた要因となったと述べる。芸術作品は「見られること」に価値を持つようになったのだ。それをベンヤミンは芸術の「展示価値」と呼んだ。

近代に、芸術の持つ価値は「展示価値」へと転換したのだ。近代の芸術は展示すなわち「エクスポジション」に価値を見出していく。ベンヤミンはその要因を複製技術の発達に見ていたが、同時にこのことは美術館制度の確立とは切り離せないだろう。作品はわたしたちの目に触れることを意図して作られ、見られることによって作用することになる。このことは当然、作品を作り出す芸術家の意識をも変えることになりうるだろう。

近代と表象——ハイデガーの「世界像」

近代において、表象は人間にとってどのような意味を持っていたのだろうか。ルネサンスの時期に人々が芸術のなかで表象されはじめ、そして政治的にも位置を持つものとなってきた。それは表象の作用が人に位置を与えてきたということだが、表象行為の機能はそれだけではない。「表象されること」によって人々にある位置が与えられると同時に、人は「表象する」能力を持つことで主体となる。このことを明らかにしたのが、マルティン・ハイデガーだった。

ハイデガーは、一九三八年の講演をもとにした論文「世界像の時代」のなかで、近代における「世界像」について論じている。このなかでテーマとなっているのが表象であり、表象が近代の特質であると述べられている。ここで言われているのは、必ずしも芸術作品のような美的表象のことではなく、どちらかと言えば、知的表象、すなわち概念による表象に重点が置かれている。だが、ハイデガーが表象を近代の人間の基本的経験としてとらえていることは、近代における表象を考えるうえで重要な観点である。

この論文の冒頭で、ハイデガーは、まず、近世の本質的な諸現象を挙げ、そして、「これらの現象の根底には、有るもののいかなる把握と真理のいかなる解釈が潜んでいるのか[23]」という問いを立てる。そしてその問いに対して「近世の学」という現象を分析することで答えを探し出そうとする。

近世の学の本質とは探求である、とハイデガーは考える。その探求とはどのようなものだろうか。探求という把握は、有るものを「説明しつつ表象することの対象となる[24]」ことにおいてなされる。つまり、「探求する」というそのこと自体が、有るものを把握する方法を規定することになるのだ。ここで、「表象」という言葉、そして「表象の対象」ということが出てくる。有るものの把握の方法が表象である。近世の学の本質としての探求は、有るものを表象することに至ったのだ。ハイデガーによると、これこそが近代を特徴づける事柄である。

有るもののこの対象化は或る〈直前に立てること〔Vor-stellen〕〉において遂行される。そのことの狙いは、すべての有るものを自らの直前に、計算する人間がその有るものについて自信をもち得るすなわち確信をもち得るように、もたらすことである。探求としての学という事態になるのは、真理が〈直前に立てること〔表象すること〕の確信性〉へと変転したとき初めてであり、またそのときに限られる。デカルトの形而上学において、有るものが表象作用の対象であることとして、真理が表象作用の確信性として、初めて規定される。[25]

人間は現前するものをそのまま受容するのではなく、ものを対象として自らの直前に立てることによって把握し理解するようになる。事物は表象の対象として扱われるようになったのである。「有るものの有ることとは、有るものが〈直前に立てられていること〔表象されていること〕〉の中で尋ねられ、見出される」[26]。

ものを対象として把握しようとすること、これは対象を「像」としてとらえるということである。対象は「像」になる。この「像」とはハイデガーの言い方では、「単なる模倣を指すのではなく、〈我々は或ることについて事情を心得ている〔wir sind über etwas in Bilde〕〉、という言い方から響き出て来るものを指している」[27]。「像」は把握の結果としてある。そして、その「像」は単独で見出されるのではなく、全体として、ひとつの体系として存在している。「有るものが我々にそもそも表象されているということしか指さないのではなく、有るものはそれに属するものとそれのなかに一緒に集っているものとの総体において、体系として我々の直前に立っている」[28]。この総体が、世界である。そのようにして、人間は世界を像として把握することになる。表象され、イメージとして把握された世界が「世界像」である。世界は人にとって像として現れるのだ。

世界が像になるところでは、全体としての有るものは、人間がそれの準備をするもの、それ故に人間がこれに応じて自らの直前にもたらし、自らの直前に所有し、従って或る決定的な意味で自らの直前に立てようと欲するところのものとして、見積られている。従って世界像は、本質的に了解されるなら、世界についての或る像を指すのではなく、像として把握された世界を指す。[29]

世界が「像」として把握されること、つまりわたしたちにとって世界そのものが「像」となることと、これこそが近代に生じた事象である。人は、世界全体を「像」に変え、把握の対象にする表象をおこなうようになったのである。

そして、人間が表象の能力を使って自らの直前に立てるというかたちで世界をイメージとして把握するというそのことが、人間のあり方を決定づけることになる。世界をイメージとして把握することは、人間の表象の能力によって遂行されるのだが、この、対象を表象するという行為によって、人間ははじめて「主体」として位置づけられるからである。

人間は「表象するもの」となり、そのことによって諸対象の連結の中心となる。人間は「自分自身を舞台に据える、すなわち一般的かつ公開的に表象されたものの空け開かれた周辺の中に自分自身を据え」、そして、有るものを「再現在化する者〔代表する者〕〔der Repräsentant〕」となる。[30] こうして人間は「主体」となる。「世界が像になることは、人間が有るものの内部で〈主体〔Subjectum 主語的基体〕〉となることと一にして同じ経過なのである」とハイデガーは言う。世界のイメージ化と人間の主体化が同時に、同じことのそれぞれの局面として成立したのである。

近代の人間は、「表象する人間」である。そして近代において「世界」とは、「表象された世界」である。表象する人間がいて、表象された世界がある。これが近代の根本的な図式だ。このことから、ハイデガーは、近代を「世界像の時代」と呼ぶ。近代において「世界」が像として把握や理解の対象となったということ。これは、人間が主体になったということと同時に、人間が表象されたもののなかで生きていくことになったということでもある。人間は「〈イマーギナーティオー imaginatio〔像・想念〕〉の中を動く[31]」とハイデガーは言う。わたしたちにとって世界とはイメージそのものであり、わたしたちはそのイメージのなかを徘徊する。

だが、この論の最後でハイデガーがひとつの断り書きをしていることを見逃してはならない。それは、世界を像として把握するなかで、すべてが表象の対象となりうるわけではないということだ。そこには、「算定され得ないもの」が出てくる。「人間が〈主体〔Subjectum 主語的基体〕〉となり世界が像となったとき、この算定され得ないものは、一切の事物の回りに到る処で投げられている目に見えない影に留まる」[32]と言う。

近世的世界それ自身はこの影によって、表象から引離された空間の中に身を横たえ、こうして上述の算定され得ないものにそれ独特の規定性すなわち歴史的に比類のないものを与える。この影はしかし何か別のものを暗示している。それを知ることは我々今日の者たちには拒まれている。[33]

ハイデガーの「世界像の時代」は、近代において世界が表象の対象すなわち「像」となり人間が主体となったということだけを論じているのではなく、表象の効果としての主体化によって「算定され得ないもの」が浮かび上がり、この「世界」と「主体」の枠組みのなかではそれが考慮されることはないということを問題として提示している。その「算定され得ないもの」あるいは「脱自的領域」とは近代に落とされた大きな影であるが、表象の問題を考えるにあたって、そこにつねにまとわりついてきたその影を見過ごしてはならないだろう。それは表象がその転換点を迎えるときに再び浮かび上がってくる問題となるからである。

変わりゆく表象、変わりゆく人間の存在様式

一九三六年に出版された『複製技術時代の芸術作品』のなかで、ヴァルター・ベンヤミンは、複製技術によって生み出される芸術について考察している。ベンヤミンのいう「複製技術時代」とは、芸

術作品の技術的複製が容易に可能になった時代のことだ。古くは木版画が作品の複製のために作られており、一八世紀になると石版画が現れた。そして、石版画の発明からまもなく写真が登場する。写真の発明は、イメージの即時の複製を可能にした。さらに、トーキー映画によって音も技術的に複製できるようになる。一九〇〇年頃に、技術的複製は「従来伝えられてきた芸術作品すべてをその対象としはじめ、またそれらの作品が作用する仕方にきわめて深い変化をもたらしはじめただけでなく、芸術の技法のあいだに、独自の地位を獲得したのである[34]」。これがベンヤミンのいう「複製技術時代」である。

そして、芸術作品が容易に複製可能なものになったとき、芸術作品の価値は「展示価値」へと変化していった。だが、変化が起きたのは、芸術作品の価値に関してだけではなかった。芸術作品の価値が変化すると、その変化は、芸術作品の受容の仕方の変化に結びつき、そしてまた、その受容の仕方の変化は人間の存在様式の変化にもつながってくる。

ベンヤミンによると、かつて、芸術作品は「アウラ」を持っていた。それは、芸術が呪術の儀式や宗教的な儀式の際に用いられるものだったからだ。芸術と儀式とが切り離しえないとき、芸術作品は「アウラ」を持つ。この「アウラ」とは何だろうか。それは、「空間と時間から織りなされた不可思議な織物」「ある遠さが一回的に現われているもの[35]」だ。そして、それは「〈いま―ここ〉的性質―それが存在する場所に、一回的に在るという性質[36]」を持っている。この「アウラ」、すなわち「〈いま―ここ〉的性質」は、オリジナルの真正さという概念を作り出す。

かつての芸術作品にはそのような「アウラ」が備わっていた。しかし、ベンヤミンが生きた時代に、この「アウラ」の凋落《ちょうらく》が顕著になっていく。こうした芸術の状況の変化の背景には、二つの理由がある。ひとつは技術的な理由で、写真や映画などの複製技術としての芸術作品の作製が可能になったことだ。もうひとつは、人々が大衆化するという社会的状況の変化があった。人々の大衆化が、芸術のあり方を変えたのである。

まず、もともと儀式に用いられるためのものだった芸術作品が徐々に儀式から解放されていく。儀式からの解放によって、作品が展示される機会が生まれ、また、持ち運び可能な作品が作られるようになった。神殿に設置された神像から運ぶことのできる胸像へ、建物の壁に描くフレスコ画からタブローの絵画へ移行する。

そして、作品の展示の可能性は、芸術作品が技術的に複製可能になることによって飛躍的に増大する。このことによって芸術作品の持つ価値が、「礼拝価値」から「展示価値」へとシフトしたのである。それと同時に作品の「アウラ」は喪失する。ベンヤミンは「芸術作品が技術的に複製可能となった時代に衰退してゆくもの、それは芸術作品のアウラである」[37]と言い、次のように述べる。

複製技術は——一般論としてこう定式化できよう——複製される対象を伝統の領域から引き離す。複製技術は複製を数多く作り出すことによって、複製の対象となるものをこれまでとは違って一回限り出現させるのではなく、大量に出現させる。そして複製技術は複製に、それぞれの状況のなかにいる受け手のほうへ近づいてゆく可能性を与え、それによって、複製される対象をアクチュアルなものにする。[38]

複製可能なものとしての芸術作品。それは、芸術の伝統を震撼させ、その伝統価値を清算することになるくらいのインパクトを持っていた。つまり、それまでの芸術のあり方を根本的に変えてしまうものだったのだ。そして、ベンヤミンは「このような伝統の震撼は、人類の現在の危機および再出発と表裏一体をなしている[39]」と言う。アウラの凋落は、複製技術としての芸術が出現したということによるものだけではない。それと並行して人々の存在の仕方が変わり、そして知覚の仕方が変わったことに結びついているのである。だからこそ、それは「人類の現在の危機および再出発と表裏一体」だったのである。

社会が産業化され人間が「大衆」として集団的に存在するようになると、それとともに「大衆」特有の知覚の仕方が出てくる、とベンヤミンは指摘する。「人間集団の存在様式が総体的に変化するのにともなって、人間の知覚のあり方もまた変化する[40]」のである。

事物を自分たちに〈より近づけること〉は、現代の大衆の熱烈な関心事であるが、それと並んで、あらゆる所与の事態がもつ一回的なものを、その事態の複製を受容することを通じて克服しようとする大衆の傾向も、同じく彼らの熱烈な関心事を表わしている。[41]

大衆は「複製を受容する」ことによってアウラを克服しようとする。そのために、アウラは衰退する。

複製技術としての芸術作品の登場によって、芸術作品の儀式からの離脱が起こった。そして、それと並行して、大衆となった人々の要求によって芸術作品にはそれまでと異なるステータスが与えられることになったのである。

芸術の「遊戯空間」を活用する政治

「複製可能な芸術作品」の代表は、映画だ。映画は、「シュピールラウム（Spielraum）」（遊戯空間、自由な活動の空間）を観客に提示する芸術である。ベンヤミンによると、あらゆる芸術活動の原現象にミメーシス（模倣）があり、そのミメーシスは、もともとは、両極端の二つの側面を持っていた。それは、仮象（シャイン）と遊戯（シュピール）である。映画は「芸術が栄えうる唯一の領域と長いあいだ見なされていた〈美しい仮象〉の国から、芸術がすでに抜け出してしまっていること[42]」をはっきりと示す。そして、「仮象が衰退し、アウラが凋落するのと並行して、巨大な遊戯空間《シュピールラウム》が得られる[43]」。芸術の領域のなかに映画が登場することによって、芸術における仮象が後退し遊戯が前面に出てくるのだ。映画とは遊戯空間がもっとも開かれる芸術なのである。

美術や写真にかんする数多くの論考を提示した多木浩二は、ベンヤミンの『複製技術時代の芸術作品』を丁寧に読み解いた。それによると、ベンヤミンは、「複製技術時代の芸術」を分析することによって、「アウラが凋落したあとにあらわれる巨大な遊戯空間の芸術論を展開しようとした」のであり、「ミメーシスを分解し、それを歴史化し、その結果、アウラを喪失したときに、芸術は史上初めて巨大な遊戯空間に生きる場を見いだす過程を展開してみせたのである」[44]。つまり、『複製技術時代の芸術作品』では、人々を「遊戯空間」のなかに置く装置としての芸術について語られているのだ。

このように「遊戯空間」のなかに人々を置くということ、それが芸術の新しい社会的機能である。こうした機能を担った芸術は、政治に結びつくことになる。社会のなかで「集団的なもの」として現れてきた人々は、大衆運動を起こす。それは政治に対する大衆の側からの働きかけなのだが、それに対して政治の側は何らかのかたちでその大衆を組織化することを試みる。大衆の運動を扱いうるものにしようとするのである。そのときに、政治は芸術の遊戯空間を活用する。それは、ファシズムの政治であってもコミュニズムの政治であっても同様だ。

大衆を組織化しようとする動きのなかで、ファシズムによる政治は「政治の耽美主義化」を進め、その一方で、コミュニズムによる政治は「芸術の政治化」を進める。人々は芸術の遊戯空間のなかに身を置き、「芸術作品を自分たちのなかに沈潜させる」[45]。それがもっとも可能になる芸術が映画だ。しかも、ベンヤミンによると、人々は「映画に登場したいという欲求」[46]を持っている。この欲求を満たすために、ファシズムは大衆に自らを表現する機会を与えた。ファシズムは大衆が語り行為する舞台を提供し、大衆は映画に登場するかのように政治の舞台に登場してきた。このとき、遊戯空間への沈潜と「政治」への参加は一致するものとなったのだ。

それが、ファシズムが進める「政治の耽美主義化」である。そして、その「政治の耽美主義化」は究極的には戦争へとつながっていくことになるだろう。戦争とは、ファシズムの政治が大衆に与える「表現」の方法のひとつだからだ。芸術的満足は戦争によって果たされることになる。

> 人類は、かつてホメロスにおいてはオリュンポスの神々によって見物されるものであったが、いまや自分自身によって見物されるものとなった。人類の自己疎外の進行は、人類が自分自身の全滅を第一級の美的享楽として体験するほどになっている。[47]

このことをスペクタクル化と言い換えることができるだろう。人はスペクタクルのなかを生き、自らを鑑賞する。このスペクタクルは戦争スペクタクルという極限にまで至るが、それでも人はそれを美的享楽として受け止める。これが、ファシズムが目指した「政治の耽美主義化」である。

そして、この「政治の耽美主義化」によって、「芸術のための芸術」が完成する。このように、政治は芸術の遊戯空間を活用した。映画の登場によって遊戯空間という側面が前面に押し出された芸術は、政治と一体となって展開され、大衆化した人々はその遊戯空間のなかを生きるようになったのだ。

遊戯空間の美的政治

一方で、ベンヤミンと同じ時代に生きた法学・政治学者カール・シュミットもまた、国際政治の観点から、ある「遊戯空間」について考察している。シュミットもベンヤミンが指摘したのとちょうど同じ時期に、政治のなかに遊戯空間の出現を見ていた。ベンヤミンが映画という芸術の一分野が前面に押し出した遊戯空間について考察したのに対して、シュミットが遊戯空間としてとらえたのは、近代のヨーロッパそのものだった。シュミットが政治を美的に把握していたこと、そしてその把握の仕方が第二次世界大戦前後で変化していることについて、次のような指摘がある。

シュミットは、ワイマール期においてすでに、政治を美的に把握していた。彼のワイマール期の議論によれば、国家において重要なのは、ありのままの私的ないし経験的な個人ではなく、公的な役割（Person）を担う顕職保有者としての人間である。政治とは、国家という劇場舞台で、そうしたペルゾーンが演劇的に公の国家権力を行使する一種の芝居であると把握されていた。すなわち政治とは、国家において再現前（repräsentieren）されることによって顕現する美的演劇であった。それが第二次世界大戦後になると、政治が、もはや仮象的・再現前的な美の観点から捉えられなくなり、それに代わって、遊戯的な美としての政治が示される。戦後のシュミットによれば、ヨーロッパ・ラウムは、観衆たる中立国の面前で、主権国家が相互に力を競い合う闘技のための遊戯空間となる。戦争が美的世界に生きる場を見出すと同時に、美が戦争の遊戯空間の中に生きる場を見出す。すなわちシュミットは、近代化の過程で失われた仮象としての美に代えて、近代が独自に生み出した遊戯空間の中に新たな形での美を見出しているのである。シュミットの政治は、第二次世界大戦の以前も以後も、政治の美的展示性という点で一貫して解釈されているが、しかし、その際の美の意味が、戦前と戦後とでは質的に異なっている。仮象的な再現前的美から遊戯空間における闘技的な美へ、シュミットの美的政治は展開している。[48]

シュミットにおける「再現前的な美的政治」から「遊戯空間における美的政治」への移行は、仮象から遊戯空間への移行というベンヤミンのテーゼと重なり合っている。戦争も闘技劇や遊戯として繰り広げられる遊戯空間であり、その遊戯空間に大衆が参加していくのだとすれば、シュミットとベンヤミンの主張は一致する。芸術は遊戯空間を作り出し、政治は遊戯空間のなかで展開される。スペクタクル化されるのは芸術だけではなく、政治も同じなのだ。

「政治の耽美化」であっても「芸術の政治化」であっても、政治と芸術のスペクタクル化であることに変わりはない。シュミットの政治の把握の仕方の変化からも読み取れるように、二〇世紀の二つの世界大戦の時代を、芸術と政治がともに遊戯空間へと移行していく時期、あるいはそれによって芸術と政治との区別が曖昧になる時期ととらえることができる。それは、ちょうど国家が国民のすべてを政治のなかへと巻き込んでいった時期であり、また、国民を総動員する戦争をおこなった時期だ。

主権国家が遊戯空間のなかへと出ていき、競い合うとき、実際にその空間のなかに投げ出されていたのは「国民」と定義される人々だった。こうして人々が遊戯空間のなかで生きるようになったのだが、それは必然的に人々のあり方の変化にもつながっていく。ベンヤミンの言う芸術の表象から遊戯空間への移行にしても、シュミットの言う政治の美的演劇から遊戯空間への移行にしても、それは、人が置かれた状況の変化を意味している。人が大衆として集団的に扱われるようになったというだけではなく、人々は「表象されるもの」あるいは「表象する主体」から、遊戯空間のなかで「自分自身によって見物されるもの」へと変化していった。人は政治的に表象するものでも、芸術作品において表象されるものでもなくなった。単に「見られるもの」となったのである。そうして、芸術においても、政治においても、表象という媒体なしの「エクスポジション」が前面に出てくる。

第三章　さらけ出される「生」

――われわれはどこへ行くのか

芸術の分水嶺

一九世紀後半の芸術のあり方の変化を見てきたが、わたしたちはもうひとつの大きな転換点を見ていかなければならない。それは、第二次世界大戦後の時期である。そこに表象の決定的な分水嶺がある。そのときに起きた出来事は、芸術についての思考を問い直すきっかけとなり、そしてまた人々が芸術に現れてくる様相をまったく変えてしまった。

ヴァルター・ベンヤミンは、人間の存在の仕方の変化と芸術のあり方の変化とが結びついていることを指摘した。確かに、これまでのいくつかの例でも見てきたように、一般の人々が政治的に位置を持つようになった時期に彼らは絵画に登場しはじめ、また国民国家が成立した頃に人は「国民」として描かれ、それを自らの目で確認する制度ができていた。同じように、現在の政治を取り巻く現象やわたしたちの存在の仕方に影響を与えるような現象が、現代の芸術作品のあり方を規定している。

結論から言ってしまえば、現在の芸術は、もはや「表象」と呼ぶことができず、「エクスポジション」としか呼べないようなあり方をしている。それは何かを表象しているのではなく、何かをさらし出している。芸術の「エクスポジション」は、これまで述べてきたようなエドゥアール・マネによる絵画の革新や複製技術による芸術作品の変化によって徐々に準備されてきたのだが、ある出来事が生じたことによって、それが決定づけられた。二〇世紀に生じたある出来事が、表象を根本的に問い直したのである。その問い直しとともに、芸術作品は「エクスポジション」として自らを現すに至ったと考えられる。

「文化」の失敗

「文化批判は、文化と野蛮の弁証法の最終段階に直面している。アウシュヴィッツ以後、詩を書くことは野蛮である」[1]。さまざまに解釈され、そしてわたしたちを動揺させたこの言葉を、テオドール・アドルノは次のように説明する。

アウシュヴィッツは文化の失敗をいかなる反論も許さないかたちで証明し尽くした。アウシュヴィッツでのあのようなことが、哲学、芸術、そして啓蒙的な幾多の学問の伝統のただなかで起きえたということ、それは、こうした伝統が、つまり精神が人間を捉え、変革することができなかったということであるが、実はそれ以上のことを意味しているのである。すなわち、哲学、芸術、そして学問といった個々の枠組みのなかに、つまり、そうしたものが自立した自給自足的なものであるという激しい自負のうちに、実は非‐真理が潜んでいるということである。アウシュヴィッツ以降の文化はすべて、そうした文化に対する切なる批判も含めて、ゴミ屑である。[2]

絶滅強制収容所の出現は、まさに啓蒙のプロジェクトのただなかで起きた出来事だった。しかも、それは、近代の合理主義的な産業における生産とまったく同じプロセスで死を生産する場所だったのである。科学技術の発展とともに合理主義を追求していくのが近代の「文化」であったとすれば、その「文化」そのものが野蛮さを生み出している。その意味で、この「文化」が失敗であることを証明したのが絶滅強制収容所だった。

生政治の空間

文化そのものを廃棄物にしてしまった強制収容所。これは、政治と芸術の二つの側面から考えることができる。

まず、政治的な側面から見てみよう。イタリアの美学者にして哲学者ジョルジョ・アガンベンは、「ホモ・サケル」シリーズで「生きもの」としての人間を管理する「生政治」を分析しながら、九・一一以降に世界的に恒常化することになる「例外状態」を予言していたが、彼は強制収容所を「近代の政治空間の隠れた範例」だと指摘する。[3] 強制収容所とは、人間の生そのものを管理の対象とする場所である。しかし、生そのものの管理とは、強制収容所のような限定された空間でのみおこなわれているのではなく、現在の政治空間全体でおこなわれている。このアガンベンの指摘は、ミシェル・フーコーがテーマ化した「生政治」から展開されたものである。

「生政治」とは何か。一八世紀の産業化の発展とともに、国家が産業にかかわるかたちで国力や国富の維持をしなければならないようになると、国家の権力は国民の生を管理する力として現れてくるようになる。権力は、「富としての人口」「労働力あるいは労働能力としての人口」、つまり資源としての人口を問題にするようになり、「出生率、罹病《りびょう》率、寿命、妊娠率、健康状態、病気の頻度、食事や住居の形」に気を配るようになる。[4] 出生や健康といったものを管理し、それによって最終的には人口を管理する統治の方法が始まったのである。そのときに、国家の権力は「生と死に対する権利（生殺与奪の権）」「死なせるか、それとも生きるままにしておくかの権利」に代わって、「生きさせるか死の中へ廃棄する」権力へと転換していく。[5] フーコーは「人口」としての生を扱う権力を「生権力」、そして人間の生物学的生を統治の対象として扱う政治を「生政治」と呼んだ。

そうした生政治を決定づけたのが、絶滅強制収容所の出現である。権力が「生命と種と種族というレベル、人口という厖大な問題のレベルに位置し、かつ行使される」ものであるという点で、「民族抹殺《ジェノシッド》」とは「近代的権力の夢」だったのだ。[6] したがって、絶滅強制収容所は生政治の究極的な実現として現れた。そしてそれは、生政治が必然的に行き着くところでもあった。さらに絶滅強制収容所はわたしたちを戸惑わせる。そこでわたしたちは、何を「人間」と呼ぶことができるのか分からなくなってしまったからだ。このことこそが、「人間」を「生きもの」に還元した結果である。

アガンベンは、生政治の空間があらゆる領域に拡がっているとして、強制収容所が近代の政治空間の隠れた範例だと述べる。この政治空間はわたしたちの生を規定するものである以上、わたしたちの存在の仕方そのものを決定づけているが、その存在の仕方とは、まさに人が剝《む》き出しのかたちでさらし出されていることである。つまり、人は、政治的主体である以前に、単なる生きものとしてさらされた状態で統治の対象となっているのだ。

表象の不可能性

絶滅強制収容所が、政治を生政治へと切り詰めた究極の場所だったとすれば、その一方で、それは表象の不可能性が示された場所でもあった。『全体主義の起原』を著した思想家ハンナ・アレントはすでに一九五一年に、「強制収容所社会の狂気の世界は生と死の埒外にあるものだから、いかなる想像力をもってしても完全にそれを想い描くことはできない」と記した。[7] だが、絶滅強制収容所の表象が本格的に問われはじめたのは一九八〇年代になってからである。

何よりもまず、この約四〇年もの沈黙が絶滅強制収容所の語り難さを物語っているだろう。一九八〇年代のドイツでは、「地域の歴史を発掘調査する「下から」の市民運動や、国家レベルの歴史博物館、戦争記念碑の建設をはかる政府の「上から」の歴史政策が展開[8]」されたことにより、収容所とその表象が大きな問題として浮かび上がってくる。また、同時期に「歴史家論争」と呼ばれる、ナチスによる大量虐殺をどうとらえるべきかという論争が繰り広げられる。そして、一九八五年には、絶滅強制収容所にかかわった人々のインタビューによって構成された、クロード・ランズマンの映画『ショア』が公開された。

こうしたなかで、いかに想像しうるか、いかに表象しうるか、いかに語りうるかということが問題となり、「表象の不可能性」ということが問われはじめたのである。

一九九〇年に、カリフォルニア大学で「〈最終解決〉と表象の限界」というテーマで研究会議が開催された。この会議の記録『表象の限界を検証する――ナチズムと〈最終解決〉』が一九九二年に出版されたが、その序論で編者のソール・フリードランダーは次のように述べている。

ヨーロッパ・ユダヤ人の絶滅という事件も、他のどのような歴史的事件についてもそうであるように、表象することも解釈することも可能である。ただ、わたしたちがあつかっているのは、わたしたちがもろもろの事件を把握し表象しようとするさいにもちいてきた伝統的なカテゴリーを検査にかけるような事件、あるひとつの「限界に位置する事件」なのである。[9]

絶滅強制収容所をどのように語ることができるのか。それは、思い描くことも難しく、言葉で表現することも難しい。だから、それは、表象することが可能かどうかという問題を浮かび上がらせたのである。

なぜ、表象が可能かが問われるのか。それは、ひとつには、絶滅強制収容所を想像したり表象したりすることが許されるのかという倫理的な理由がある。もうひとつには、事実として語るには証拠となる物件が不足しているという物理的な理由がある。絶滅強制収容所を体験した人は殺されているので、その体験を証言することはできない。そして、死体も消され、痕跡が除去されているために、そこで何がおこなわれていたのかを実証することがきわめて困難である。絶滅強制収容所の写真や映像は、多くの場合、撮られなかった、あるいは保存されなかったと言われている（収容所の写真については後述する）。さらに、わずかに生き残った人々は、その体験を明確に話すことができないでいる。

アレントは次のように書いている。「強制収容所・絶滅収容所の生残りたちの報告は非常にたくさんあるが、その千篇一律なことには驚かされる。これらの証言は真実であればあるほど、ますます伝達力を失い、人間の理解力と人間の経験を超えたことをますます淡々と語るのである[10]」。

また、生き残りの多くが絶滅強制収容所について沈黙していることも指摘されている。ポストモダンの哲学者ジャン゠フランソワ・リオタールはこの沈黙を「記号、しるし（signe）」と呼んだ。

「アウシュヴィッツは皆殺しの収容所であった」という文を取り巻く沈黙は心情ではない。それは、いまだ文にされておらず、限定されていない何かが文にされることを待っているという記号なのである。（中略）しかしアウシュヴィッツとともに、何か新しいことが歴史のなかで生起したのである。それは記号であるほかなく、事実ではありえない。なぜなら、事実、すなわち、「今」と「ここ」の痕跡をもつ証言、そして事実の意味ないし諸意味を示すはずの記録文書、そして数々の名前、要するに、結び合わされることで実在を構成する様々な種類の文の可能性すべてが、可能な限り破壊し尽くされたからである。[11]

ナチスはユダヤ人を絶滅させようとしただけではない。すべてを消滅させ何の証拠も残さないよう企てたのだ。強制収容所からの帰還者である作家プリモ・レーヴィは、収容所でナチスにこう言われたという。「おそらく疑惑が残り、論争が巻き起こり、歴史家の調査もなされるだろうが、証拠はないだろう。なぜなら我々はおまえたちとともに、証拠も抹消するからだ」[12]。すべての痕跡を抹消しようと企てられた絶滅強制収容所は、そのような空間が実際にあったのかどうかということ自体が問われることになる。こうして、絶滅強制収容所は、表象の可能性そのものを呑み込んでしまった。

そして、クロード・ランズマンが一九七四年に映画『ショア』を撮りはじめたとき、彼は、もはや何も残っていない状態から出発して映画を作らなければならなかったと述べている。ここでは物理的な証言や証拠の欠如が表象行為に影響を与えている。そしてランズマンが映画にしたのは、それについてほとんど何も残されていないということ、そして、強制収容所を語ることの不可能性そのものだった。『ショア』が見せているのは、「映像がないということ、ランズマンがたどり着いたのは、「フィクションとは一つの侵犯行為である。表象＝上演にはある禁じられたものが存在する」ということだった[14]。強制収容所を想像すること、語ること、表象することは、物理的に不可能であるとともに、それが倫理的に不当だからできないのだと考えられている。

いずれにしても、表象の限界や、表象することの危険性が問題となって立ち現れたとき、芸術の表現は、意識的にであれ無意識的にであれ、痕跡、記憶、不可視性、出来事性というものをテーマとして取り上げるようになる。二〇世紀後半の多くの美術作品はこのようなテーマを扱っているように見える。また、そこに、ハイデガーが分析した近代における表象のモデル、「像」と「主体」の関係から成り立つモデルの崩壊を見ることができる。むしろ、そこでは、ハイデガー自身が既に指摘していた「算定され得ない」影の部分や、「私」が「私」として成り立たないこと、「主体」とはなりえない人間のあり方というものがはっきりと見えてくることになる。「世界像」を作り出すのが表象行為をおこなう「主体」としての人間であったとすれば、その「像」の影の部分において人間は「主体」ではない。強制収容所はいかなる「主体」でもなく「剝き出しの生」としての人間を生み出したが、それと同じようにその表象という側面からも「主体」ではないものが見えてくる。絶滅強制収容所とは、そのような表象の根幹を揺るがすような問題を提起した出来事だった。

絶滅強制収容所のイメージの露呈

さて、以上のように絶滅強制収容所が表象を揺るがすものとして現れてきたとすれば、その表象は本当に不可能なのだろうか。もし表象が不可能であるとすれば、何が可能なのだろうか。

ひとつ考えられるのは、表象が不可能になったまさにその場所で「エクスポジション」が前面に出てきていることである。絶滅強制収容所において、人々は「剝き出しの生」としてさらされている。さらに、アガンベンのように絶滅強制収容所を「近代の政治空間の隠れた範例」として拡大解釈するとすれば、現在、全般的に人々はさらされている状態にある。それは、一方では、生権力の対象とされうる剝き出しの生というかたちでさらされていて、もう一方では、人のイメージが表象になりえず生のままさらされているということだ。こうした複数の露呈が現出したのが絶滅強制収容所だったのである。

絶滅強制収容所が人をさらす場所となったことを示す写真がある。絶滅強制収容所を証言することも表象することも不可能だという議論にたいして、ジョルジュ・ディディ＝ユベルマンは、ある写真を提示してみせた。「ふたつの不可能性——証人の差し迫った消滅、証言の確実な表象不可能性——の折目を縫って、写真のイメージが姿を現した[15]」。それは、一九四四年にビルケナウ（アウシュヴィッツ第二強制収容所）で撮影された四枚の写真である。

> 可能な芸術作品のどれよりも貴重で、またどれよりも痛ましいこれらの断片は、それらが不可能であることを望んだ世界からもぎ取られたものだ。つまりそれらはすべてに抗してのイメージである。アウシュヴィッツの地獄に抗して、課された試練に抗して。われわれはそれに答えてそれらを熟視し、引き受け、理解しようと試みなければならない。すべてに抗してのイメージ。それらにふさわしいやり方でそれらを見ることができないという、われわれ自身の不能に抗して。商業的イメージで窒息せんばかりの、われわれ自身の飽食な世界に抗して。[16]

この四枚の写真はどこから来たのか。一九四四年、ポーランドのレジスタンス指導部が写真を発注し、それを受けたある労働者がビルケナウの強制収容所内にカメラを持ち込んだ。実際に撮影をおこなったのは、ゾンダーコマンド（特殊部隊）と呼ばれていた、自らも囚人でありながら他の囚人たちの死体処理の作業をさせられていたユダヤ人とされている。

横たわる大量の死体があり、それを処理するゾンダーコマンドのメンバーが作業している場面を写したものが二枚。その様子は黒枠に囲まれており、暗い建物の内部から撮影したことがうかがえる。そして、服を脱がされた女性たちが林のなかをガス室に向かっていくと思われる写真。それから、木々のみが写っている写真が一枚。下半分は黒くなっており、上下の判別がつかない。撮影者はカメラを隠し持って歩きながら撮影したのだろうか。ガス室に送られる誰かの目に飛び込んだ光景は、このようなものだったかもしれない。この四枚が、ビルケナウから持ち出され、クラクフのポーランド・レジスタンスに送り届けられたのだ。写真に添付されたメモには、次のように書かれていた。

ガス室送りにされる囚人たちを写したビルケナウの写真を送付する。一枚には屋外で死体を焼く火刑場のひとつが写っている。焼却棟だけではすべてを焼ききれないのだ。火刑場の前にはこれから投げ入れられる死体がある。もう一枚には、シャワーを浴びるためだと言われて林のなかで囚人たちが服を脱ぐ場所が写っている。その後で彼らはガス室に送り込まれるのだ。フィルムをできる限り早く送られたし。同封した写真はただちにテル（Tell）に送られたし。われわれの考えでは拡大した写真はもっと遠くにまで届くはずだ。[17]

これらの写真は、暴力と死にさらされた人々をさらし出したものである。さらに彼らは「無」に対してさらされている。彼らの死体は何も残らないように焼かれることになるからだ。絶滅強制収容所では、彼らが殺されたという証拠が残らないばかりか、彼らが存在していたという証拠さえもいっさい残らないよう企てられていた。彼らは、そうした消失に対してさらされていた。さらに、そのような姿が今日、写真のイメージとしてわたしたちにさらされている。つまり、一方では消失に対して無力にさらされていて、他方では視線に対して無防備にさらされている。

ディディ＝ユベルマンはこの四枚の写真をもとに、イメージとはどのようなものかを考察している。そこで論じられているのは、イメージを作成することではなく、写真のようなすでに作成されたイメージをわたしたちがどのようにとらえるのか、である。そして、それは、絶滅強制収容所の表象が不可能であるという考えに対する反論である。「ゾンダーコマンドのメンバーたちによってアウシュヴィッツの五号焼却棟からもぎ取られた四枚の写真は、想像不可能なもののほうへと送り出され、もっとも悲痛なやり方でそれを反駁する」[18]。

絶滅強制収容所を撮影した写真は存在しない。一般的には、そう信じられている。だが、ディディ＝ユベルマンが示したように、アウシュヴィッツの五号焼却棟で撮影された四枚の写真は、一九四五年にはすでに知られ、たびたびその複製も作られていた。このようなイメージが存在する以上、「表象不可能や思考不可能と同様に、想像不可能はしばしば、大げさな誇張法によって自己正当化した、イメージを考察することの単なる拒絶に陥りがち[19]」だということになる。わたしたちには、そのイメージを否定することなくそれを「見ること」が課せられている。このイメージは「不可能な描写」や「表象不可能」と言われているものをも示すことを試みる。「表象の不可能性」に反駁したのは、イメージの露呈だったのである。

四枚の写真に添付されたメモには、「拡大した写真はもっと遠くにまで届くはずだ」と書かれていた。それが届けられる先、「もっと遠く」とは、どこだったのか。ディディ＝ユベルマンはそれが二つの別の時代へと送り出されていたという。ひとつは、「「最終解決」の組織化それ自体が作り上げた想像不可能性」[20]であり、もうひとつは、アウシュヴィッツのような絶滅強制収容所が思考不可能であり想像不可能だと言われる時代だ。つまり、前者が「最終解決」がおこなわれていた当時の世界であり、後者が一九四五年以後の世界である。

いずれにせよ、それは「想像不可能性」に向けて、それに反駁するかのように送り出されていた。「われわれには想像してみる義務があるのだ、このきわめて重い想像可能なものを。捧げるべき応答として、幾人かの被収容者が、彼らの体験の恐るべき現実から、われわれに向けてもぎ取った言葉とイメージに対する債務として」[21]。そうであるとすれば、差し出されたイメージは、わたしたちに課せられた債務となる。この写真のイメージの露呈は、わたしたちに対してある種の絶対的な「贈与」として、つまりそこから身を引くことのできないものとして届けられる。

絶滅強制収容所は表象不可能なものであると言われた。だが、それにもかかわらず、そのイメージの露呈は、わたしたちに義務を課せるほどに逃れがたいものとして迫ってくる。これはわたしたちに何を要求するのだろうか。別の文脈であるが、ディディ＝ユベルマンはイメージについて次のように語っていた。

このイメージを前にして、われわれの現在は突然、眼差しの経験のなかで取り押さえられ、それと同時に明るみに出される。（中略）いかに昔の古いイメージであれ、イメージを前にすれば、眼差しの力を奪われる経験を「専門家」のうぬぼれた習慣によって制圧してしまわない限り、現在がたえず再構築される。いかに新しい同時代のイメージであれ、イメージを前にすれば、それと同時に、過去がたえず再構築される。なぜなら、そのイメージを考えるには、強迫観念の構成のなかとはいわないまでも記憶の構成のなかで考えるほかないからだ。[22]

イメージを前にして、わたしたちは「時」の前に立たされることになる。イメージの前で時間、つまり現在と過去とが再構築される。イメージが「われわれの現在」を明るみのなかに露呈するものであるとすれば、イメージとは決して単に何かの「再現」や「表象」なのではなく、それを見るわたしたちに降り掛かってくるものであり、わたしたち自身をも露呈させるものだということになる。

絶滅強制収容所で撮られた写真のイメージは、イメージを考察することの拒絶までをも引き起こしてきた。だが、そのイメージを見ることは「すべてに抗して、つまり現象の近寄りがたさに抗して、接近に固執すること」[23]になるのだ。

絶滅強制収容所は、表象の分水嶺である。そこに表象の可能性と不可能性との分岐があるからというよりは、表象からイメージの「エクスポジション（露呈）」への転換があるからだ。「すべてに抗して」アウシュヴィッツから「もぎとられた」イメージは、そこで死にさらされる人々をわたしたちの視線にさらし、そのイメージを前にわたしたちの現在はさらされ、わたしたちは債務にさらされている。このようにして表象から「エクスポジション」への転換を導いたのが、まさに絶滅強制収容所という場所だったのである。写真は光に対して露出することによってイメージを得るものであるが、そのような写真が、表象から「エクスポジション」への転換へと導いている。

レヴィナスの芸術論

第二次世界大戦中に五年のあいだ捕虜として強制収容所を体験した哲学者エマニュエル・レヴィナスは、それまでの芸術論とはまったく異なる芸術観を提示することになった。

レヴィナスの存在論の核心となるのが「イリヤ」という概念である。「イリヤ（il y a）」とは、フランス語で「（ものが）ある」「（誰々が）いる」という意味の自動詞である。「本がある」「猫がいる」といったときに用いられる。この「イリヤ」という言葉を、レヴィナスは存在論に利用した。

レヴィナスは『実存から実存者へ』において「イリヤ」の概念を導入する際に、芸術が示す「異郷性」の記述から始めている。

「イリヤ」とは何か。レヴィナスは終わりも見えないままに続いていく強制収容所の体験のなかから、「イリヤ」の概念を導き出した。「イリヤ」とは、「ある」「存在する」という事実そのものである。「ある」という事実そのもの、それは、存在者とは区別される。人や事物といった存在者が夜の闇に呑み込まれ個々の区別をなくし、それぞれが意識を持つこともなく主体であることもなく、「無」に帰したときの状態が「イリヤ」なのである。

非人称で無名の、しかし鎮めがたい存在のこの「焼尽」、無の奥底でざわめきたてるこの焼尽を、私たちは〈ある〉という言葉で書き留める。〈ある〉は人称的形態をとるのを拒むという点において、「存在一般」である。

この概念は何らかの「存在者」――外的事物や内的世界――から借り受けたものではない。〈ある〉はじっさい、外在性と内面性をともに超越しており、その区別を不可能にしてしまう。存在の無名の流れが侵入し、人であれ事物であれあらゆる主語を沈めてしまうのだ。私たちは主体‐客体の区別をとおして実存者に近づくが、この区別は存在一般に手をつける省察の出発点とはなりえない。[24]

「イリヤ」は非人称の存在のことであり、そのなかで「主体」は成り立たない。レヴィナスは、夜という比喩を使う。夜の暗闇のなかで「私」や他のものは闇に呑まれてそのなかで分け隔てなく「ある」ように、あるいは闇のなかで人や物の区別がまったくつかないように、個々の存在者がかたちを取ることが不可能な状態が「イリヤ」なのである。そのような個々の分け隔てや意味の分かれ目をなくしてしまう「ある」という事態そのものが浮かび上がってくる。それが、「ある」としてしか表しようのない「イリヤ」である。

このような「イリヤ」という「存在一般」を露呈させるのは、夜や、眠りや脱存という個体の意識のなくなる状態や、あるいはすべてのものを無差別に呑み込んでしまう戦争の極限的な状況なのだが、レヴィナスは、芸術も「イリヤ」を露呈するものだと考えている。『実存から実存者へ』のなかで、レヴィナスは、現代芸術が「存在の不定形のうごめき」であり、それが「〈ある〉という事実そのもの」を見出させるということを出発点として、「イリヤ」についての記述を開始している。さらに、芸術そのものが「イリヤ」であるかのような表現もある。『実存から実存者へ』の約一年後に書かれた論文「現実とその影」で、レヴィナスは次のように言う。「芸術は不分明化という出来事そのものであり、夜の到来であり、影の侵入である[25]」。

芸術はどのように「イリヤ」を露呈させるのだろうか。そして、それはなぜなのか。レヴィナスは、芸術の基本的な機能を、「対象そのものの代わりに対象のイメージをさし出すこと[26]」「対象たる事物をそのイメージに代える[27]」ことであると考えている。芸術は事物をイメージに代えるのであって、概念に代えるのではないとレヴィナスは強調する。それは、イメージと概念がまったく異なる性質のものだからだ。

概念は、わたしたちと現実とのあいだに関係を結ばせる。現実の事物が「知解可能な対象」や「把持された対象」となりうるのは、概念によってである。わたしたちはある事物を概念とすることによって、それを知覚したり把持したりすることができ、そのことによってその事物と関係を結ぶ。それに対して、ある事物が「イメージ」になったとき、それは「非‐対象」になる。つまり、わたしたちの把持の対象ではなくなるのである。

　このことをレヴィナスは「現実の脱肉化」と呼んでいる。概念がわたしたちに現実を把握させる道具であるのに対して、イメージは事物をわたしたちの把握から逃れさせるためのものなのだ。そして、概念がわたしたちと現実との関係を取り結ぶものであるのに対して、イメージはわたしたちに「現実の影」とかかわりを持たせる。「イメージにおいて実物は、あたかも自己と隔たり、背後に退き、存在内の何かがこの存在に対して遅れをとっているかのような仕方で与えられる」[28]のである。

　そのようにして芸術は「現実の影」とのかかわりを持たせ、芸術のイメージは対象に「異郷性」つまり他性という性質をもたらすことになる。

> 絵画や彫刻や書物といったものは私たちの世界に属する対象だが、それらを通して再現された事物は私たちの世界から離脱しているのだ。再現された対象も私たちの世界の一部をなすものではあるが、芸術はいかに写実的なものであっても、その対象に他性という性格を伝えわたす。芸術は、対象を裸のままで私たちに差し出す。裸といっても衣服がないということではなく、言ってみれば〈形〉そのものがない、つまり形が遂行する外在性の内面化という変容を被っていない、ほんとうの裸の状態である。絵画の形や色は、覆いをかけるのではなく、それ自体としてある事物をさらけ出す。[29]

芸術は、事物を「それ自体」としてさらけ出す。ここでは、表象することとはまったく別の芸術のあり方が論じられている。レヴィナスにとって芸術は、もはや何かを表象するものではなく、事物を「さらけ出す」ものなのである。そして、事物はさらけ出されたとき、「存在する」という状態で浮き立つことになる。

現代絵画において事物はもはや、まなざしがひとつの見晴らしとして得る普遍的秩序の要素として重要なのではない。あらゆるところで世界の連続性にひびわれが生じている。個別的なものが、存在するという裸の状態で浮き立っている。[30]

芸術のイメージにおいて、事物は個別の存在者ではなく、「存在する」という状態に置かれる。レヴィナスは芸術が「存在の物質性」を発見させると言っているが、その「存在の物質性」が見出されたとき、そこに「存在の不定形のうごめき」を発見することになる。その「存在の不定形のうごめき」が「イリヤ」である。「物質とは〈ある〉という事実そのものなのである」[31]とレヴィナスは言う。芸術は存在の物質性をさらけ出し、そして存在一般の様態を露呈するのである。

さらに、芸術が事物を「世界から浮き立たせ」るとき、芸術は「そのことによって事物を一主体への帰属という状態から引き離す」[32]。レヴィナスは、「絵画は与えられた現実の彼方にわれわれを導くのではなく、ある意味ではその手前にわれわれを導く」[33]と言う。対象の手前、現実の手前にあるものこそが「イリヤ」だからである。そのために、わたしたちに「イリヤ」を露呈するものとして何よりもまず最初に挙げられたものが芸術だったのだ。

『実存から実存者へ』および「現実とその影」でレヴィナスが想定している芸術とは、主に絵画などの造形芸術であると考えられる。だが、言語芸術について語った『モーリス・ブランショ』においても、やはり、芸術がわたしたちを人称性を失った「夜」へと導くものであることが述べられている。芸術とは「〈夜〉への入り口」であるとするレヴィナスは、「夜」と「昼」との違いを浮き彫りにする。[34]「昼」とは世界や権力や行動といった「人間性」の全領域のことである。芸術は、その逆にある「夜」へと向かうのだ。「芸術の本質は、言語活動から、みずからを語る語りえぬものへ移行すること、そして作品によって根源的なものの闇を見えるものにすること」[35]である。

レヴィナスの言う「夜」へと向かうこと。これが二〇世紀後半の芸術が置かれた状況である。このようなレヴィナスの指摘によって思い起こされるのは、ハイデガーが「世界像の時代」で最後に触れた断り書きである。

ハイデガーは、近代に人間がものを対象としてとらえ、把握するようになった、つまり、表象という能力を使って「世界」を対象としてとらえるようになった、そして、そのことによって人間は「主体」として成立したと指摘しながらも、すべてが表象の対象となりうるわけではないと述べていた。表象され得ないもの、わたしたちの対象から逃れていくもの、それをハイデガーは「算定され得ないもの」と呼ぶ。その「算定され得ないもの」は、「一切の事物の回りに到る処で投げられている目に見えない影に留まる」[36]。この「算定され得ないもの」の領域が、レヴィナスのいう「夜」だったのではないか。

「世界像の時代」で述べられたハイデガーの問題提起は、把握の対象や表象の対象とはなり得ないものが「イリヤ」という存在一般を露呈させるというレヴィナスの考えに引き継がれているようにみえる。ハイデガーの「世界像の時代」における最後のほのめかしが、レヴィナスにおいては存在を語る上で重要な条件となっている。

ハイデガーとレヴィナスの思考のあいだには、第二次世界大戦と絶滅強制収容所の出現という出来事、つまり、すべてが「無」になる出来事が横たわっている。これらの出来事によって、人が「主体」として成立することが不可能になる。ハイデガーとレヴィナスの思考のわずかにして大きなへだたりが、存在のあり方と芸術のあり方の決定的な変容を示唆しているようにみえる。

バタイユの芸術論

以上のようにして、レヴィナスは芸術が露呈する「イリヤ」について明らかにした。ラスコーの壁画を芸術のはじまりに位置づけるフランスの思想家ジョルジュ・バタイユは、このレヴィナスの芸術に関する考えを「経済」の観点から考察していくことになる。

まず、バタイユは、レヴィナスが「イリヤ」の概念を導入したのが、存在の「物質性」を分析することによってだったことに注目する。レヴィナスは、現代絵画の特徴を「対象に対する関心が消去されていることや、知的な解釈とは別に形体や色彩のなまの感覚に力点がおかれていること」[37]であると考えていた。現代絵画においては、諸対象の「物質性」が明らかになる。すでに述べたように、バタイユはエドゥアール・マネの絵画を「近代絵画」と呼んでいたが、マネの絵で描かれているのはまさに「物質性」であることをバタイユは強調していた。「物質性」を明らかにすることによって、「芸術は諸形体を、それぞれの対象が明確な意味をまとっている世界（活動性の領域、とも言えるだろう）から剝離させる」[38]のだ。このようにして芸術が「さまざまな対象を世界から剝離」するのはなぜなのか。バタイユは次のように言う。

芸術は「さまざまな対象を世界から剝離する」が、それはまさしく、世界のなかで対象には未来にしか意味がないのに対して、芸術の意味は現在時にあるからである。[39]

芸術が、ものの「物質性」、そして「イリヤ」を開示することになるのは、芸術が「現在の瞬間」とかかわっているからである。芸術が現在の瞬間の利益のためだけになされるものだからこそ、それは「イリヤ」を開示する。

わたしたちの活動の領域のなかでは、それぞれの対象は明確な意味をまとっている。ペンは書くためにあり、椅子は座るためにあり、靴はそれを履いて歩き回るためにある。そのように対象が意味をまとっている活動の領域においては、対象は未来に対してしか意味がない。なぜなら、対象は、将来的に実現する何らかの用途を目指しているからこそ、「対象」だからだ。例えば、いま誰も座っていない椅子があったとしても、それは誰かに座られることを目的として存在している。椅子は座られたときに、その用途を実現するのだ。しかし、そのようにつねに未来にのみ向けられているために、「いまあるものである現在時を、いまないものである未来のために否定する」[40]ということが起こる。つまり、いま誰も座っていない椅子は、いま誰も座っていないということを否定しながら、座られるために存在しているのだ。

それに対して芸術の意味は現在時にあり、現在の瞬間の享受のためにおこなわれる。現在の瞬間はどんな意味も帯びてはいない。なぜなら、意味というものが未来とのかかわりのなかでしか検討されないものだからだ。意味がそのようなものである以上、現在とは「無意味」そのものである。

そして、芸術は、そのような無意味な現在とかかわる。だから、例えば、詩は、「個別的な諸存在において、その主体や客体の位置づけを奪い去るものとして、現在時における生の熾烈な消尽」[41]となる。芸術は対象の意味を剝ぎ取り、そのことによって、それを「現在の瞬間」に引き戻す。さらに、そのために、主体・客体の位置づけを奪い去る。このようにして、芸術にレヴィナスの言う「イリヤ」、「ある」という状態が見出されるのだ。

バタイユはこのことを、わたしたちが生きるために生産し消費するサイクルである「経済」の領域で考える。人間の活動には、生産的な消費と非生産的な消費とがあり、この二つは別々に展開されてきた。ここで言う生産的な消費とは、労働のことである。労働はエネルギーの消費なのだ。労働において、何かを生産するためにエネルギーが消費される。だから、それは生産に向けられた消費だ。そのために、この消費は生産的な消費と考えられる。反対に、非生産的な消費とは、労働のように何かを生み出すためのエネルギーの消費ではなく、何をも生み出さずただ費やされる消費のことである。生産的な消費は未来に向けられた消費であるのに対して、非生産的な消費は現在の瞬間の利益にのみ向けられている。

一般的に「経済」は生産的な消費の観点からだけ考えられてきた。しかし、「現在」および「現在時における生の熾烈な消尽」を含めずに経済を考えるのは不十分だとバタイユは指摘する。「非生産的な消費——詩、芸術、さらに全般的に、自由な消尽——が主体の融解へと導くという事実も、経済から逸脱するものではないだろう[42]」。このような観点から、生産的な消費のみではなく非生産的な消費をも含む「全般的な経済」について考えるべきであるとバタイユは言う。

さて、「現在時における生の熾烈な消尽」がなされるとき、何が起こるのだろうか。

主体は、利用することを軽蔑しながら、利潤の当てもなく消費する限りにおいて、逆説的な形でみずからを否定することになる。ルヴィナスの術語を借りれば、主体はその場合、実存する者としてではなく、実存として振舞うことになるのだ。それはもはや自分とは別個に存在し、可能ならば有益に利用できる客体に、対立するものとしてある、客体的な世界のなかの主体ではない。

自分が自由にできる富の一部を、見返り物なしに、さらには、いっさい他人を利用することなしに、他人にゆだねているのである。それは、なによりもまず、主体が現在時において、自分と他人との区別をつけなくなることを前提とし、さらに、頂点において、もはや自分の実存と世界とを弁別しないことを意味するものである。[43]

したがって、「現在の瞬間」を考慮した全般的な経済は、主体・客体の位置づけそのものを奪い去り、その区別をなくすものである。それが、非生産的な消費である芸術の作用だ。絵画の本質的な要素とは、「実存する者から実存へとむかう」動きなのである。[44] 以上のようにして、バタイユは非生産的な消費として芸術を考え、それを「全般的な経済」のなかに組み込んだ。

ところで、バタイユは、非生産的な消費のなかに、「自分が自由にできる富の一部を、見返り物なしに、さらには、いっさい他人を利用することなしに、他人にゆだねている」という状態を見出した。これは、当然、ポトラッチのような贈与を基本として成り立つ経済システムを思い起こさせるが、それと同時に共同性にも結びつくように思われる。なぜなら、後述するが、共同性とは「他人にゆだねている」状態のことだからだ。共同体の思想家ジャン＝リュック・ナンシーは、バタイユを「共同体の現代的体験、すなわち生み出すべき作品でもなく、失われた合一でもなく、外の、〈自己の外〉の体験の空間それ自体であり、その空間化にほかならないものとしての共同体を最初に体験した、あるいはそれを最も鋭敏に体験した人物」であると言った。[45]

ナンシーにとって「〈自己の外〉の体験」とは、共同性の体験のことなのだが、この「〈自己の外〉の体験」は、まさに非生産的な消費すなわち芸術がもたらす「もはや自分の実存と世界とを弁別しない」状態だと言うことができるだろう。したがって、芸術の体験は、主体と客体の区別をなくすものであり、それは共同性の体験へと直接的に結びつく。

主体と客体の区別のない状態、すなわち「イリヤ」の領域において、共同性が見出されうる。そして、「イリヤ」へと導いていくもののひとつが芸術であるとすれば、レヴィナスとバタイユの芸術論から芸術と共同性とのかかわりを検討することができる。

人々はいかに表象されるのか

表象は決定的に変化した。そして、レヴィナスやバタイユの考えのように芸術に関する新しい見方が提示された。こうした状況は、表現のあり方を変えていくことになる。

すでに述べたように、アウシュヴィッツのビルケナウ強制収容所で密かに撮影された四枚の写真が残っている。ディディ゠ユベルマンが「もぎとられたイメージ」と表現したこれらの写真は何だったのだろうか。撮影者の手のなかに隠されたカメラによって、ファインダーを覗くことなく撮られた写真は、誰のものでもない視線の先にある光景を提示する。そのようにして写真に写し取られたイメージは、もはや「表象」と呼びうるものではなく、単なるイメージの露呈であり、そしてまた、そこに写された人々の露呈である。これらの写真が示しているのは、人々が明確なかたちを持ったものとしてではなく、「常に消えていくことに対してさらされている」ものとして現れているということだ。ディディ゠ユベルマンは次のように述べる。

> 人々の政治的・美的な表象において、さらには、よく起こることであるが、彼らの存在そのものがまさに脅かされているという意味で、人々はさらされている。人々は常に消えていくべくさらし出され剝き出しにされている。この絶えざる脅威の状態において、何をなし、何を考えたらいいのか。人々が、自らが消えていくことにではなく、彼ら自身に対して身をさらすためにはどうすればいいのか。人々が出現し、形を取るためにはどうすればいいのか。[46]

人々はいまやかたちを取ることができなくなっている。いまや、絵画で人を表象しようとするとき、人は変形したかたちで表現されている。その一方で、写真が人々の姿をとらえる。だが、写真のイメージでは、人は表象されるというよりも、それを見る者の視線に対して無防備にさらされている。このことは、人々が政治的状況において「主体」ではなく「剝き出しの生」としてさらされていることと不可分ではない。生権力の対象としての人間は、政治的に表象することを放棄させられ、政治的主体であることなしに存在している。それは、人が、「常に消えていくことに対してさらされている」ということだ。

こうした状況のなかで、どのように人を表現することが可能だろうか。これまでいくつかの例で見てきたように、かつて肖像は描かれた人の力を表すものだった。また、現代アートにおける「ホロコースト効果」というものを考察したエルンスト・ファンアルフェンによると、肖像は「主体」に対して力を与えてきたとともに、表象に対しても権威を与えてきた。肖像は、主体化というプロジェクトと表象というプロジェクトを統合するものだったのだ[47]。だが、主体がもはや主体たりえなくなり、表象が問い直される状況では、肖像のなかで保たれていた主体と表象の統合は崩壊することになる。そして、肖像が主体と表象を統合するものであったからこそ、主体の崩壊と表象の崩壊は「肖像」に真っ先に現れてくるものとなるだろう。

わたしたちの時代の「肖像」はどのようなものとしてありうるのだろうか。ビルケナウ強制収容所で四枚の写真が撮影されたのとほぼ同じ時期に、それらの写真と同じように、表象されえない人々をイメージに残そうとした例がある。それは、まさに人が極限の状態にさらされ、かたちを取ることができなくなっていることを表しているような作品である。フランス人画家ジャン・フォートリエの《人質》というタイトルの絵画シリーズだ。このシリーズは、一九四二年から一九四四年にかけて制作された。フォートリエはナチス占領下でレジスタンス運動に参加していたが、一九四三年にナチス親衛隊に逮捕された。釈放された後は、パリ南西部のシャトネ・マラブリーに潜伏していた。そうした経緯のなかで、一九四四年までに四六点の《人質》が描かれている。

フォートリエの《人質》シリーズの四六点のうち、三三点には《人質の頭部》というタイトルがつけられていて、それぞれにひとつの顔が描かれている。いずれも頭の部分のみである。ただし、石膏が塗り込められていたり、何層にも絵の具が厚く盛られていたりするため、ただちに人間の顔であると分かるものではない。かろうじて人の顔に見えるものもあれば、目がいくつも描かれている顔もあるし、目や鼻さえ持たない顔もある。

シャトネ・マラブリーでフォートリエが潜伏生活を送っていた、その場所の近くでは、ナチスが処刑をおこなっていた。《人質》シリーズに描かれたのは、そこで処刑されたレジスタンス運動家たちの顔であるというのが通説だった。しかし、最近の研究によって、このシリーズが一九四二年にパリで制作され始めたことが分かった。パリで制作され始めたということは、必ずしもシャトネ・マラブリーで虐殺された人々のみを描いたわけではないということだ。それらは、ナチス占領下で虐げられた人々、特に迫害されたユダヤ人の顔だったかもしれない。そうしたものを描き続け、そのシリーズのなかに、シャトネ・マラブリーで虐殺された人々の顔が含まれていくことになったのだろう。ナチスによる占領下のフランスでは、レジスタンス運動のために捕らえられ処刑されたフランス人のことを「人質」と呼んでいたという。連作のタイトルはそれに由来するものだと考えられる。あるいは、当時のフランス人たちがいつ殺されてもおかしくない状況にあったとしたら、それは「人質」の状況にほかならない。虐殺された人々、殺されつつある人々、フォートリエはそういった人々の「顔」を表現したのだ。その「顔」は、もはや顔とは分からないほどに歪められて形象を失いつつあるものとして描き出された。

フォートリエは版画で制作したイメージを「厚塗り」の絵画で反復している。また、ひとつのオリジナルからいくつもの複製を生み出していくことに関心を持っていたという。《人質》の連作も、やはり、複製を作るかのように反復して顔が描かれている。《人質》の顔が描き出される「機械的な生成プロセスは、オートマティックなシステムによるユダヤ人の大量殺戮を想起させもする」し、しかしその一方では、「機械的に生み出されるその絵画で確認される独特のマチエールや線は、イメージを作り上げる一方でフォートリエの手の痕跡を生々しく留めていた」[48]。フォートリエの「手の痕跡」が明らかに分かるのは、絵画に残されたフォートリエの指紋である。《人質》には、反復という行為における「画家」の不在と「手の痕跡」とが混ざり合っている。フォートリエが作り出したのは、手の痕跡の残る手触りのあるイメージ、現実からもぎとられた物質のようなイメージだったのだ。

このフォートリエの《人質》シリーズに、レヴィナスやバタイユの考える芸術の作用を見ることができる。レヴィナスは、芸術が「対象を裸のままで私たちに差し出す」ものであると言い、「絵画の形や色は、覆いをかけるのではなく、それ自体としてある事物をさらけ出す」と述べていた[49]。《人質》においてはまさに「顔」が何にも覆われることなくさらされている。そして、そこには「存在の不定形のうごめき」が見出される。フォートリエの絵画は、まさに「実存する者から実存へとむかう」動きだ[50]。

フォートリエの《人質》を、現代の人間の肖像であると考えることもできるだろう。そのときに思い起こされるのは、古代ローマで作製されていた肖像イマギネスである。《人質》は現代のイマギネスだと言うことができるだろうか。古代ローマのイマギネスは、死者の代理とみなされていて、死の儀式で使われていた。死と密接に結びついているものだったのである。それは、イメージの作成の契機が死にあったということを示している。それと同じように、《人質》が殺された人々や殺されつつある人々の顔であるとしたら、それもまた死を契機として描かれたイメージである。その意味では、《人質》を現代のイマギネスと考えることができるだろう。

しかし、一方で、古代ローマのイマギネスは、そのモデルとなった人の持つ力や権利を示したものでもあった。つまり、その人の力や権利の表象としてイマギネスが作製され展示されたのである。これに対して《人質》に表れる人々は、むしろ力や権利を剝奪された人々である。明確なかたちを取ることなく、色彩の厚みに埋められるようにして描かれた「顔」は、彼らの力や権利の剝奪を表している。古代ローマのイマギネスが力を表象していたのに対して、フォートリエの《人質》では表象されえないものが露呈されている。イマギネスが主体としての表象だとしたら、《人質》はもはや人が主体として成り立ちえないことの露呈なのだ。フォートリエの《人質》に顕著に表されているように、現代の人間の肖像は、表象というよりは、単なる「エクスポジション」つまりは露呈である。

強制収容所という出来事を分岐点として、イメージの表象から「エクスポジション」への転換が起こった。フォートリエの《人質》でも、アウシュヴィッツの強制収容所で撮られた四枚の写真でも、主体として表象されえない状況に置かれた人々が、明確なかたちを取ることなく、「さらされる」しかない状態でイメージのなかに登場している。そこでは、イメージがさらされ、人々がさらされる。そして、それは、レヴィナスが言うところの「イリヤ」の露呈でもある。

第四章　出来事としての共同体
——互いに露呈されるということ

「顔」のエクスポジション

ジャン・フォートリエの連作《人質》。三三点の《人質の頭部》は、この絵が描かれた一九四〇年代当時の人々の肖像だ。この「肖像画」は、すべて、ほぼ同じ大きさのキャンバスに描き出されている。一九四五年一〇月に、この連作がはじめて展示されたとき、それぞれの絵は等間隔に並べて展示された。[1]

これを、その後のいわゆる「現代アート」における肖像画の先駆けだったと考えることはできないか。《人質》に似た作品を、現代アートの作品のなかに見つけることができる。例えば、ゲルハルト・リヒターの《八人の看護婦見習》(一九七一)における八人の女性たちの顔、クリスチャン・ボルタンスキーの「モニュメント」シリーズで使われる子供たちの顔、マルレーネ・デュマスの《ブラック・ドローイング》(一九九一—九二)の黒人たちの顔や《女》シリーズ(一九九二—九三)、《モデル》(一九九四)の女性たちの並置された顔、あるいはエミリー・プリンスの《イラクとアフガニスタンで死んだアメリカ軍人(負傷者、イラク人、アフガニスタン人は含まない)》(二〇〇四—)における死者の肖像。それらの作品において、何人もの人の顔が描かれ、呈示されている。こうした表現の方法が、どこか、フォートリエの《人質》の連作と似ているところがあると思われるのだ。

現代の芸術において、人はいかに描かれ、いかに表現されているのだろうか。人々の顔の呈示は、現代の芸術のテーマのひとつである。もちろん、それは現代アート特有の主題ではない。しかし、現代芸術における顔の作品は、伝統的な肖像画あるいは群衆を描いた絵画とはまったく異なっている。

伝統的な肖像画が、描かれた人の人格を表現するものだったとすると、現代の肖像はそこからは逸脱するようなものなのだ。現代の肖像もたしかに「表現」ではあるが、むしろ、イメージを呈示することによって、人格から切り離された人々の「顔」を露呈しているように見える。こうした「顔」の呈示は何を表しているのだろうか。

ジョルジュ・ディディ＝ユベルマンは、一般的にはこの問いに答えようとしている。彼は、現代のポートレートに注目し、次のように述べる。

標準的な家族のアルバム（一般的にそれぞれが「にこやかな顔をする」ためにだけポーズをとっている）とも、ブルジョワたちの「善き社会」を理解させるためでしかない「社会のポートレート」と呼ばれるものとも全く異なり、二〇世紀の芸術家たちが集団のポートレートの中にたびたび探し求めたのは、人間の「にこやかな顔」への反駁、社会的な映像技術への批判である。ジョルジュ・グロスのぞっとするような群衆やジョルジュ・バタイユの集めた軋むようなドキュメントから、ゲルハルト・リヒターの描いた「不幸をもたらす」（その言葉そのままの意味で）ポートレート・シリーズやクリスチャン・ボルタンスキーのメランコリックなメモリアルに至るまで。[2]

ディディ＝ユベルマンはこのように、現代アートにおける顔が「にこやかな顔」への反駁であると言う。だが、それはいったいどのような反駁なのだろうか。そこに現れた顔とは、ポーズをとることもなく、あるいは誰に向けるともなく、無防備にさらけ出された顔でもある。さきほど触れたリヒター、ボルタンスキー、デュマス、プリンスの作品はすべてそういった無防備な顔を呈示しており、そして、そういった顔は、ほとんどの場合、無名の人々の顔である。誰のものかも分からない顔が、不特定多数の人々に対して展示される。

さらにまた、そこにはある重要な特徴が見受けられる。それは、それが写真であるにしても絵画作品であるにしても、ひとつひとつの顔がそれぞれ枠に収められていること、そして、それらが単体ではなく必ずと言っていいほど集合的に展示されることだ。例えば、デュマスの《女》では縦三〇センチ横二五センチほどの二一一枚の紙それぞれにひとりの女性の顔が描かれているといったふうに、人々はひとりひとり描かれ、そして集合的に展示される。

現代アートにおける顔の表現の特徴的な傾向は、人々がコンテクストを欠いた集団的な「顔」として呈示されているということである。だが、このようにして「顔」を並置的に並べるという表現の方法が用いられるのはなぜなのか。現代アートの作品において集合的に呈示された人々の「顔」は何を表しているのだろうか。

人々の顔を集合的に呈示した作品は、作品の展示がそのまま「顔」の無造作な露呈になっていて、さらには複数の「顔」の陳列になっている。「展示」「陳列」「露呈」、このすべてを「エクスポジション」という言葉で表現することができる。エクスポジションは「外に置いて見せる」という意味合いを持つ言葉だ。上述の作品のモティーフとなっている複数の「顔」は、人々の肖像ないしは表象というよりも、「顔」それ自体の露呈であり、作品の展示であるとともに「顔」の陳列でもある。したがって、それらの作品の「展示」には何重にも「エクスポジション」が折り重なっているのだ。

「顔」の露呈と共同性

現代の芸術作品が何層にも重なった「エクスポジション」であるというところに、そしてまた芸術作品において「顔」が露呈されているところに、共同性をめぐる現代の哲学的思考と深く響き合うものを見出すことができる。なぜなら、共同性もまた露呈されるものでしかないということがそこで示されているからだ。エクスポジションとは、芸術作品と「顔」と共同性とを結びつける何ものかなのではないだろうか。

エマニュエル・レヴィナスは「〈他人〉の出現という現象」が「顔」なのだと述べている。[3] レヴィナスはこの「出現」を、「エピファニー（Épiphanie）」という宗教的な「神の顕現」を意味する言葉で表現した。もちろん、それが宗教的体験だと言っているわけではないが、それを思わせるような特異な出来事だということだろう。つまり、「顔」によって示されるのは、他者があらゆる限定を超えてそのままに、私に対して顕現してくるということなのだ。その意味で、「顔」は他者なるものの露呈そのものであり、「顔」に向き合うことで、私は他者と触れるという出来事にさらされる。そして、この出会い、接触が、「顔」と私とを共に在らしめる。つまりそれは、私と他者との共同性の場なのである。

また、ジョルジョ・アガンベンは、「顔の啓示とは、開け、つまり交流可能性のことにほかならない」[4]と述べ、次のように言う。

顔とは、人間が取り返しのつかない仕方で露出しているということであり、同時に、まさにこの開けの中に人間が隠れたままにとどまってあるということでもある。また、顔とは、共同性の唯一の場、可能なただ一つの都市である。[5]

「顔」の露出、展示が「交流可能性」を示していて、顔が共同性の唯一の場であるとしたら、顔を展示し露出させる作品は、共同性の場に向けて開かれた場所だということになる。現代アートのさまざまな作品を構成する無名の人々の顔は、その呈示のされ方において、まさに現代における人間の共同性のあり方を示唆しているものだと思われる。そしてまた、その「顔」が集合的にそれを見るわたしたちに向けて展示されているというところに、人々の根本的な存在の仕方が表れていると考えられる。

その根本的な存在の仕方というのは、何か。それは、わたしたちがみなそれぞれに隔てられ、しかしその隔たりを分かち合いながら共に生きているということである。わたしたちは単独でありつつ、しかし単独では完結せず、お互いにわずかに結びついている。現代アートにおける人々の複数の「顔」の展示は、そのような人々のあり方、つまりわたしたちが共同で、かつ無関係に存在しているということを露呈していると思われる。そして、その一方で、アートの「エクスポジション」の場が、鑑賞者であるわたしたちに、露呈＝呈示の場をまさに「エクスポジション」の場として共有させる。そのようにして、現代アートは共同性の思考を生きさせているとは言えないだろうか。

二〇世紀の課題としての共同体

共同体は、非常に両義的なテーマだ。それは、一方では回顧的な方向へと向かうものである。だから、近代的な考え方からすると、後ろ向きで否定的な響きを帯びる。だが、しかし、もう一方では、共同体は、人間が生きていくということを考える際に否定することのできないものとして現れてくるものでもある。共同体は近代化のプロセスとその反動の狭間で、その肯定と否定の狭間でつねに問いただされ、議論され、留保されてきた。

一八世紀から二〇世紀まで続く近代化のプロセスのなかで、人は、基本的に「個人」として規定されるようになる。人は、分離され、自立している「個人」としてとらえられた。そして、そうした自立した「個人」の成立と並行して、権利や義務を持つ「主体」という観念が構想されてきた。

この「個人」を前提として近代の「社会」は構築されたとみなされている。人を「個人」へと分化し、それを再び組織化しようとして社会が形成されてきたのである。人間の「個人」化は、一方では、個人の尊重や自由という考えと結びつき、近代主義として推進されてきた。だが、その一方では、人々を既存の絆から断ち切って孤立化させたと否定的にとらえられることもある。

そうしたプロセスを念頭におきながら、一九世紀末にドイツの社会学者フェルディナント・テンニエスは、人間の結びつきとは意志関係にもとづいているものであるとし、本質意志にもとづくゲマインシャフトと選択意志にもとづくゲゼルシャフトを区別する考え方を示した[6]。

ゲマインシャフトとゲゼルシャフト、その根本的な違いは、自然発生的かどうかというところにある。ゲマインシャフトは、家族や近隣の村落といった自然発生的な共同体であり、実在的で有機的な関係性だ。それに対して、ゲゼルシャフトは、商品の交換によって成立する社会のことで、作為的に形成される関係性である。このように、ゲマインシャフトとゲゼルシャフトは区別される。この区別によって示されたのは、もともと自然発生的あるいは地縁的な共同体があったのだけれども、その共同体は、産業化と近代化が進んでいくにつれて解体され、それに代わって、いわゆる社会として共同体が再組織されたという説だ。ゲマインシャフトとゲゼルシャフトの区別は、そうした解体と再編成を示している。

ついでに述べておくなら、このテンニエスの区別をフランス語では「共同体（communauté）」と「社会（société）」にあてはめるのが通例になっている。この考えによって、共同体は近代化の過程で解体されていき「失われたもの」となったという見方が一般的になったのである。

このような状況のなかで、当然「解体」に対する抵抗があるだろう。近代の「個人」化に対する批判や応答あるいは反動として、共同体を取り戻そうという動きが出てくることになる。近代が無視し否定しようとしてきた共同体に戻りたいという願望が生み出されたり、何らかの新しい共同体を構築したいという願望が生み出されたりする。共同体への回帰の願望はナショナリズムを先鋭化しながらファシズムを生み、新しい共同体を作り出そうとする願望は主として共産主義というかたちを取ることになった。こうした動きが後にはひとまとめに全体主義と呼ばれる運動を担うことになった。それらは、民族や国民といった個人を超えた次元のもとに人々を集合させるという考えだったり、あるいは生産手段を全体で共有し公平な分配をおこなうという考えだったり、いずれにしても「共同の価値」を提示することによって個人を結びつけ再統合しようとするものだった。

要するに、近代化のプロセスによって人々は「個人」に分解されたのだが、それを再び組織化しようとするさまざまな運動として、ファシズムや共産主義などがあらわれ、ナショナリズムがそれを一般的心情として支えたということになる。それらのプロジェクトは、現実的に数多くの人々を巻き込む大きな運動を引き起こし、社会に亀裂や分裂を生じさせ、世界状況と絡んで戦争へとつながっていくこととなった。つまり、こうした二〇世紀を画する主要な諸問題の背後には、人間の結びつきに関する問い、言い換えれば共同体に関する問いがあったのである。共同体に関する問いは、戦争と革命の世紀と言われる二〇世紀の世界の大きな変動の底流に流れていたと言っていい[7]。

ハイデガーの「共存在」

存在論の復興が語られるようになったのは、そのような趨勢を背景にしてのことだった。その担い手が、マルティン・ハイデガーである。ハイデガーは、存在の問いを同時に共同性の問いとして提起した。

『存在と時間』で、ハイデガーが試したのは、それまで主観、自我、理性、精神、人格といった枠組みによって考えられてきた存在の問題を、そうした枠組みにとらわれることなくアプローチすることだった。[8]ハイデガーは、人間固有の存在のあり方を「現存在」と表現した。これは、人間を主体や個人としてあらかじめ規定してしまうのを避けるためだ。「現存在」とは、存在の問題について問いを発する存在者のことである。[9]そして、ハイデガーはその「現存在」がまた同時に「共現存在」という性格を持つものであることを示した。

ハイデガーのいう現存在は、「本質上おのれ自身に即して共存在である」[10]。それは、「現存在」は単独で存在するものではなく、つねに他の現存在と「共に在る」というかたちで存在するということだ。ハイデガーは「共存在は、なんらかの他者というものが現事実的に見あたらず、知覚されていないときでも、実存論的に現存在を規定しているのである。現存在がひとりで存在していることも、世界の内での共存在なのである」[11]と言い、共存在こそが現存在を規定するあり方だということを強調する。人間は単独で存在するのではなく、共に存在する。こうしたあり方が現存在の本質だ。

わたしたちが世界に住むうえで出会う事物は必ず誰か「他者たち」を示しているし、現存在は他者に対する気遣い（顧慮的な気遣い）をする。そのことは、現存在が世界で存在するとき、つねに他者を巻き込んでいるということを示している。わたしたちが孤独であると感じるのも、他者の存在を前提としているからであって、そう感じることのうちにすでに他者が示されているのである。わたしたちにとって世界は「そのつどすでにつねに、私が他者たちと共に分かちあっている世界」として現れ、他者とは「共に現にそこに存在している」他者である。[12]

ハイデガーは存在が一個の「主体」のような枠組みでは完結しないことを示し、共現存在という存在の様態を明らかにした。「共に存在する」ということが、人が存在することを根本的に構成するのである。

そして、ハイデガーは、現存在が「日常性」のなかにあるとし、その日常性の性格を「頽落《たいらく》」として規定した。「頽落」とは、自分を見失った「非本来性」であり埋没した状態であるが、それもまた現存在のひとつのあり方である。[13] しかし、現存在が引き受けなければならない最後の存在の可能性、すなわち「死」を意識したとき、人は「本来性」に目覚めることになる。ハイデガーは、自らが死に向かう存在であることを受け止め、「頽落」から「本来性」に立ち返ることが必要であると強調する。

だが、ハイデガーは、日常性に埋没し本来性を欠いて存在している状態から人々が目覚めなければならないと主張するとき、「共現存在」を実在とみなされた「民族」に重ね合わせ、「共」を「民族」の共同性に委ねてしまうことになる。「運命的な現存在は、世界内存在として、本質上他者たちと共なる共存在において実存するかぎり、そうした現存在の生起は、共生起であって、全共同運命として規定される。この全共同運命でもってわれわれが表示するのは、共同体の、つまり民族の生起なのである」とハイデガーは言う。[14] こうしてハイデガーにおける共現存在は、共通の運命や遺産を持つものとして、そこへの目覚めとしての「本来的生起」を呼びかけられる。結局、ハイデガーが共現存在を歴史的生成物である「民族」と重ね合わせたことによって、「共存在」は、「民族」の共同体という政治的プロジェクトに重なっていくことを免れえなかったのである。

1 「共」を問うナンシー

出来事としての共同体

共同体の問題が社会的、政治的かつ哲学的な局面から出てきたのが二〇世紀だった。心理的・情緒的な共同体願望。何らかの実体として政治的共同体を作り上げようとする運動。存在に対する問いを立てた結果見出される共同性。そういったように、さまざまなレベルから「共」ということが問われてきたのである。だが、この問いは、ハイデガーのいわば挫折の後、問い難いものになった。共同体を問うことは政治的危険を冒すことでもあったからだ。ハイデガーの「共存在」の提起を引き受けながらその隘路を開いて、再びそれを存在の問いのレベルに置き直したのがジャン＝リュック・ナンシーだった。フランスの哲学者ジャン＝リュック・ナンシーは、『無為の共同体――哲学を問い直す分有の思考』や『複数にして単数の存在』、ジャン＝クリストフ・バイイとの共著『共出現』などで、共同体論を展開している。また、『イメージの奥底で』『肖像の眼差し』などではイメージについて論じている。ナンシーは共同体が何らかのかたちで実体化されるものではないとするが、人間が「共に存在する」ことそれ自体は否定されえないものとしてとらえている。

ナンシーの共同体論は「共同体」に関する疑問の提示から始まる。共同体の解体、共同体の崩壊ということが言われているが、そもそも「共同体」というものは、これまで本当に存在していたのだろうか。西洋は、歴史のいつの時点においても、つねに「いつもより古い消滅した共同体への郷愁に浸っており、家族の親密さや同胞愛、和やかな饗応などが失われたことを嘆いてきた」[15]。そしてまた、例えばジャン゠ジャック・ルソーが共同的な親密さが失われることによって社会が生み出されると考えていたように、近代社会は共同体が解体されることによって生まれてきたものだという考えが一般的だ。つまり、「われわれに至るまで、歴史は失われた——再発見ないし再構築すべき——共同体を基盤として考えられたことになる」[16]。だが、かつて共同体が存在していて、それが喪失されたというのはほんとうだろうか。

ナンシーによれば、「共同体の喪失」の意識は、第一にキリスト教的なものである。そして、それは、近代的な人間主義の意識でもある。その意識は、内在性という観点、つまり、人間は自分自身を自ら作り出すものであるという観点から人間をとらえる。わたしたちはそういった意識のうちで共同体という幻想を作り上げてきた。だが、そうした共同体は幻想にすぎず、だからその共同体が失われたという考えも幻想である。これがナンシーの考え方だ。

ナンシーの言うように共同体がかつて実在したことも現在も実在していないとしたら、問わなければならないのは、なぜそのような共同体の幻想が生じたのかということだ。少なくともそれは、かつて共同体が存在していたと思わせるものであり、いまもありうるのではないかと思わせるものである。この思い込みはどこから生じるのか。または、なぜ国民国家のようなフィクションの共同体が強く確信され機能しうるのか。なぜ、二〇世紀の世界は、ナショナリズムやファシズムや共産主義といったかたちをとって、共同体への回帰や新しい共同体の構築を目指してきたのか。こうした問題系の背後には、人間の共同性、あるいは共同存在としての人間についての問いがある。

それに対して、ナンシーは、人間が共存在であることを問い直し、ジョルジュ・バタイユの「自己の外」に身を置いた経験を問い直しながら、共同体は目的や企てや対象として立てられるものではなく、個人や主体の成立に先立って起こっているものであることを明らかにする。目的として構想されるものではなく、すでに生起しているもの、それをナンシーはハイデガーを受けて「共存在」と表現する。ナンシーは「共同体は実際には生起しなかった[17]」と断言するが、それは、人間が「共存在」であるということを否定するものではない。ただ、否定できないのは、どのようなかたちであるにしても共同体が常に問われるということであり、そこに「共同体への要請」というべきものを想定することができる。そして、ナンシーはこの「共同体への要請」という観点から、例えば「コミュニズム」というものを、現在とは違った意味でとらえようとする。

彼は次のように言う。

コミュニズムが存在したということ、それが［commun という］語のあらゆる意味において、共同＝共有＝共通のものであったということ、ただこのことだけが思考を迫る「思考すべきものを与える」はずだ。コミュニズムの到来とともに、あらゆる共同体にとって或る何かが起きたのだ。共同体への要請を、またどうしても私たちが免れることができなかった——その反対だ——或る窮境、無能状態、権利要求そして応答責任を内に含み持ち、剝き出しにするような或る何かが起きたのだ。[18]

それは、政治のあり方のひとつの選択肢としてではなく、存在するうえでの条件として「コミュニズム」を考えようとするものである。わたしたちは、「共同体への要請」を免れることができない。それは、「共同体は社会が破壊したり喪失したものであるどころか、社会から発してわれわれに出来する何ものか——問い、期待、出来事、命令[19]」だからである。ナンシーによれば、共同体は、わたしたちが存在するための条件として予め与えられている。それは、対象でも実体でもなく、出来事として生起するようなものなのである。だから、何らかの実体としての共同体ではなく、出来事としての共同性を考えなければならない。

有限性と「共存在」

では、共同性とはどのように考えられうるのか。存在を考えるにあたって近代において前提となってきたのは、デカルトの「われ思う、ゆえにわれあり（Cogito, ergo sum）」に始まる「主体」という考えである。

人間は「主体」と想定され、それ以上分割できない分子である「個人」として自己完結的に想定される。しかし、この人間のとらえ方そのものを見直さなければならない。ナンシーは、「人間の人間に対する内在、あるいは、さらに、絶対的に、すぐれて内在的存在であるとみなされた人間こそが、共同体の思考にとって躓きの石となっている」[20]と言う。人を「個人」としてとらえることが共同性についての誤った認識を生み出しているのである。つまり、「個人」の集合が共同体であるという考えを見直さなければならないとナンシーは考える。したがって、ナンシーが提起する共同性についての問いは、「個人」や「主体」として想定されてきた人間の存在様態に関する問いでもある。

人間を「内在的存在」や孤立し自己完結した「主体」や「個人」としてはとらえられないとするところから、ナンシーの共同性についての思考が始まる。ナンシーは、ジョルジュ・バタイユを、「自己の外」、脱自―恍惚を体験することによって共同体を体験した現代ではじめての人物であるとする。バタイユは「自己の外」の体験のなかに共同性が生起することを示した。「自己の外」の体験においては、明晰な意識を持つ「主体」は崩壊する。この「自己の外」の体験こそが共同体の現代的体験である。ただし、それは、生み出すべき作品としての共同体でも、失われた回復されるべき共同体でもない。単独の主体が成立せず、個が完結しないという主体の不可能性のうちに、共同性は否定的なかたちで生起するのである。

バタイユが示した「脱自」の体験、「自己の外」の体験としての共同性の体験を受けて、ナンシーは死と密接にかかわりのある共同性を描き出す。「自己の外」の体験は死の露呈に結びついている。というのは、いずれにしても個の消滅は死を呼び起こすからだ。死は人間の有限性を画しているのである。

共同性は死と、つまり人間の個的な有限性とかかわり合っている。その個的な死は、共同体に掬《すく》いとられ、共同体に包摂されるとも言われてきた。それが実体的な共同性のイデオロギーであったとすれば、ナンシーは死が共同性に回収されるその手前に目を向けて、死とは共同性がもっとも露わになる場面なのだとする。ナンシーは次のように言う。「死は共同体と切り離しえない。というのも、死をとおして初めて共同体は開示されるし、その逆もまた然りだからである」[21]。ナンシーの言う共同性は、死によって開示される。それはどういうことだろうか。

共同体は他人《たじん》の死のうちに開示される。共同体はそうしてつねに他人へと開示されている。共同体とは、つねに他人によって他人のために生起するものである。それは諸々の「自我」——つまるところ不死の主体であり実体であるが——の空間ではなく、つねに他人である（あるいは何ものでもない）諸々の私の空間である。共同体が他人の死のなかで開示されるとしたら、それは死がそれ自体、諸々の自我ではない私の真の共同体だからである。それは諸々の自我を一つの自我あるいは上位のわれわれへと融合させる合一ではない。それは他人たちの共同体である。死すべき諸存在の真の共同体、共同体としての死とは、それら諸存在の不可能な合一である。[22]

「私」と死はどのような関係にあるのだろうか。死ぬと「私」の意識はなくなる。そのため、「私」は自分自身の死を経験することはできない。死んだときに「私」はもはや存在しないからだ。だから、「私」は自身の死を受けとることはできない。それは、「私」は「私」としては死ぬという行為を完了することができないということを意味している。そして、「私」が自らの死を手にできないということは、「私」の死を受けとるのはつねに他者でしかないということでもある。また逆に「私」が受けとるのはつねに他者の死である。そこに個の非完結性がある。

死は、「私」という個によって完結されるものではなく、他者がいてはじめて成り立つ。死という出来事は、必然的に他者を要請する出来事、共同で生きられる出来事になる。そのために、死において共同性が開示されるのだ。死という「自己の外」の体験のうちに共同性が生起し、それが露わになる。

特異な存在

ナンシーは、バタイユを現代において共同体を最初に体験した人であると言う。バタイユが存在を「自己の外」へと置く「脱自—恍惚」の状態においてもたらされる共同性を示したからである。しかし、バタイユは「脱自と共同体との二つの極の間で宙吊りにされたままに留まった」[23]。なぜなら、それは、バタイユが共同体を「主体の至高性」によって考えようとしていたためである。そして、バタイユは共同体が共産主義などのモデルに従わなければならないことを見通したとき、共同体についての思考を断念することになった。そのときにバタイユが断念し放棄したのは「共同体を思考すること、そして共同体の分有を、そして分有のうちにある至高性、あるいは分有された至高性、またいくつかの現存在の間で、主体ではない特異な実存たちの間で分有された至高性を思考することである」[24]。つまり、バタイユは、「主体」の枠を超えて共同体について考えることはなかった。共同体は、「主体の至高性」によってではなく、むしろ主体とはなりえないもの、現存在、「特異な実存」によって分かち合われるものとしてとらえられなければならなかった。主体を前提とするのではなく、「特異な実存」から共同体が考えられるとすれば、それはどのように考えられうるのだろうか。

ナンシーは、主体でも個人でもなく、特異な存在について考える。ナンシーが「個人」ではなく「特異性」という言葉を使うのは、「これ以上分割できない「個人 individu」なり「個体性 individualité」があり、それが結びついたものが共同体なのだ、という考えを斥けるため」だろうか。[25] ナンシーはのちにこの特異な存在を「être singulier pluriel」と表現するようになる。それは、「存在は、区別なく、かつ区別された仕方で、同時に単数かつ複数〔singulier et pluriel〕である」からだという。[26] それは人間が「個人」のような分断されて独立した個体なのではなく、つねに複数で、「共存在」というかたちで存在しているということを意味する。ナンシーの言う「共存在」とは、人間は決してひとりでは「存在」しないということ、複数の者が存在を共有する、分有するということである。

共同での、存在が意味しているのは、個々の特異存在が存在し現前化されて現われるのは、共－出現する限りでしかなく、互いに露呈され呈示《プレザンテ》されあるいは捧げられている限りでしかない、ということである。この共出現《コンパリュシオン》が個々の特異存在の存在に付け加わるのではなく、それら特異存在の存在のほうがこの共出現において存在へと到来するのである。[27]

自己の存在は外部に触れたときにはじめて成立し、他者に触れられたときにはじめて自らの輪廓を明らかにする。そのために、自分以外の誰かが存在するときにはじめて特異性が「存在」することが可能になるのである。だから、特異であることと複数であること、存在するということと複数であることが同時に起こる。存在するということはいつも「複数」を前提としている。存在することは複数者のあいだでのみ可能になる出来事なのである。そのために、存在することそれ自体、分有でしかありえない。

これが、ハイデガーの共存在の考えを批判的に受け継いでナンシーが展開した共同体＝共同存在論だった。

無為の共同体

ナンシーの言う「共存在」を徴づけるものは何よりも有限性である。共同性の起源は、「特異存在たちがそのうえであるいはそれに沿って互いに露呈され合う境界線なのである」[28]。人々は有限性にさらされており、その限界を共有する。その限界の上に「共に」さらされている（exposé）のである。

ナンシーはこの限界へとわたしたちが「共に」呼び出されることを「共出現（出頭、comparution）」という言葉で表した。この限界において、人は、特異的存在として自らをさらすとともに、特異的存在として「共に」存在することになる。人々が有限性を分かち合い、存在そのものを分かち合うこと、それが唯一可能な存在のあり方であり、その意味で存在とは原理的に「共存在」なのである。そこにすでに人間の初発の共同性がある。ただし、この共同性は有限性を露呈させるだけのものだ。「共同体は有限性を露呈させるのであって、その有限性にとって代わるものではない。共同体とは結局、それ自体この露呈と別のものではないのだ」[29]。

露呈でしかないこの共同性、それは、必然的に「無為の共同体」という性質を持つ。ナンシーが描き出すのは、目的を持たないしそれを必要ともしない「無為の共同体」である。なぜ「無為」なのかというと、その共同性とは、何か「作品」や実体を作り上げるというものではなく、目的を持った営みでも企てでもなく、むしろ、そういうはたらきから解かれた状態で露わになるものだからだ。企てという未来に対する行為の構え以前に、目的を立てる手前にこそ共同性があるのだ。共同性が死を介して露わになるものであり、つまり私が「私」ではなくなるときにのみ可能になるものであるため、その共同性はもちろん「営み」ではないし、「作品」でもない。「共に」あることは何ものをも作り出さない。

ナンシーのこうした考えは、それまで「共同体」という語で考えられていた事柄とは決定的に異なる次元の共同性を示している。共同体は、これまで、共有すべきアイデンティティを持っているから「共同」だと想定されてきた。しかし、ナンシーの言う共同性は、いかなる営為や目的も持たずに、目的や行為を解かれた無為のうちにおいて存在を分かち合うのみである。存在の分有、それ以外に分有すべきものがあるのではない。ナンシーはこのようにして、「無為」という性格を持つ、人間が存在するということのうちにすでに含まれている共同性を提示したのである。

2 「国家」以外の共同体を探るアガンベン

グローバリゼーションと国家の変容

ナンシーの共同性についての思考が、ナショナリズムやファシズムやとりわけコミュニズムといった二〇世紀の問題系の反省のなかから出てきたものであったとすれば、ジョルジョ・アガンベンの共同性についての思考は、二〇世紀の経験をふまえながらも、一九八〇年代に急速に拡大してきたグローバル化を視野に入れながら練り上げられてきたものだと言うことができるだろう。

イタリアの哲学者ジョルジョ・アガンベンは、人を「剝き出しの生」として統治の対象とする「生政治」について論じつつ、一九九〇年に不思議な、しかしアガンベンの思想の根幹とも思われる共同体論『到来する共同体』を発表した。ここで、アガンベンはそれとは名指ししていないが、いわゆるグローバリゼーションを前提とした、「国家」以外の共同体のあり方を探っている。

グローバリゼーションは、共同体についての問いをアップデートするものだったと言うことができるだろう。それは、グローバリゼーションが、近代以降に「個人」として規定されてきた人間のあり方を変えるものだからだ。

グローバリゼーションとは、広義にとらえると一五世紀のヨーロッパの大航海時代から始まる動きだが、現在一般的に「グローバリゼーション」と呼ばれているのは、一九八〇年代以降に急速に展開した世界規模での人、物、資本、情報の移動や交換のことである。ここで重要な役割を果たしたのが、情報革命である。もし情報革命がなかったとしたら、市場が世界的に拡大することはなかっただろう。もちろん人や物を運ぶ交通の技術的発達もグローバル化の手助けをしたが、それはあくまで物流の手段であり、その物理的手段をグローバルに組織化し展開したのはインフォメーション・テクノロジーである。

インフォメーション・テクノロジーによって、世界中の資源や資本や労働力や商品はデータ化され、ヴァーチャルにマッピングされ、どこからどこに何をどれだけ運ぶかということがコントロールできるようになった。つまり、インフォメーション・テクノロジーによって、世界規模のサプライ・チェーンとデマンド・チェーンが実現したのである。このとき、グローバリゼーションとは、グローバルに需要を引き出しグローバルに供給をおこなうという経済活動のことを意味するようになり、世界規模に展開された需要と供給のシステム、すなわちグローバル市場と直結する。このことが、主権国家のあり方を決定的に変える契機となるだろう。

この世界規模のネットワークは、国家という枠組みにとらわれず、それを軽々と越えていく。そして、同じ時期に、市場経済は「新自由主義」と呼ばれるポリシーやストラテジーと結びついて独特のかたちを取りはじめ、この独特なかたちの市場経済は、グローバル規模で、あらゆる領域に展開していく。したがって、一九八〇年代以降のグローバリゼーションとは、グローバル市場、すなわち世界規模の需要と供給のシステムがあらゆる領域に拡がっていく動きであるとともに、国家を形骸化させるものだった。

市場経済は世界的に拡大し、そして前面化していく。経済のグローバリゼーションは限定的な領域にとどまるのではなく、社会に変化をもたらし、あらゆる人々を巻き込んで展開していくことになった。これによって、諸国家の政治のあり方は変わっていく。

この動きによって影響があるのは、まず、主権国家体制というそれまでの世界を組織してきた秩序の形態である。主権とは、一般的には、「政治的な決定と行使に関する最高の権限」として定義される。つまり、主権は、対内的には、独占的に決定をおこなうことができる最高の権力であり、対外的には、外部から干渉を受けることなく独立して統治をおこなうことができる権力のことである。したがって、主権は至高性と自律性から特徴づけられており、この二つの特徴を具現化したものが主権国家である。ところが、グローバリゼーションによって、国家が自律的に統治をおこなう主権国家であるとは言えない状態になる。なぜかというと、現代の国家は経済的発展をその主要な任務と考えており、グローバル市場の拡大が進んでいく状況のなかで国家が経済的に発展していくにはグローバル経済秩序のなかに自らを組み込む必要があるからだ。

企業が世界市場を考慮に入れなければ成長できない状況にあるのと同じように、現代の国家はグローバル化に対応しなければ国家そのものの発展がありえない。そのため、国家は自国内で完結する統治をおこなうのではなく、むしろ統治をおこなうためにグローバルな経済秩序への従属を優先させるのである。「市場開放」や「規制緩和」などの国家の「制度改革」によって、国家は、主権国家としてのあり方、つまり、「独立して統治をおこなうことができ、独占的に決定をおこなうことができる」という状態を自らの手で変えていっている。こうして、主権国家を前提として成り立ってきた国際政治秩序は、徐々に市場原理に基づいたグローバル経済秩序へと移行していく。

政治的主体から「ホモ・エコノミクス」へ

そして、世界秩序の軸が主権国家からグローバル市場経済へ、国家の軸が政治から経済へと変化していくことによって、当然ながら、統治の形態も変化し、統治の対象となる人々のあり方も変容していくことになる。近代の国家は、その成立と存続の基盤を「国民」にあるとしている。「国民」という政治的主体は、国家が制定する法に従う主体であり、そしてまた、国家の統治の正統性を保証する根拠である。「国民」なしには国家は成立せず、そのなかで人々は自らを「国民」として同定していく。しかし、グローバル経済秩序が主権国家に優先していく状況において、「国民」としての人間のあり方も変化せざるをえない。

グローバル市場経済では、「国民」のような政治的主体は必要とされない。そこで必要とされているのは、経済活動をおこなう「ホモ・エコノミクス」、あるいは単なる「生きもの」としての人間である。「ホモ・エコノミクス」とは、私的な欲望に基づいて利益を求め、合理的に経済活動をおこなうと想定される人間のことだ。合理的な経済活動とは、行為の結果が最大化するように行動することである。つまり、市場経済のなかで、人間が自由な判断で合理的に行動し、労働し、生産し、経営し、消費することなどを意味する。市場経済はそのようなアクターを必要としているが、ただし、そこで要請されているのは政治的意思をもって介入しようとする「主体」ではなく、市場のルールに従って市場を機能させるシステムの要素、その時々によって「労働者」「生産者」「消費者」などの役割を担う経済のエージェントなのである。わたしたちは、日々、企業に勤める「労働者」であったり、ものを作る「生産者」であったり、そしてあるときには商品を買う「消費者」だ。

そしてさらに、例えば「労働者」としての人間は労働量に分解されリソースとして管理されるというように、市場経済は人間からますます主体としての性格を消し去っていく。グローバルな統治においては、このような人間の非主体化・非人称化が生じてくる。そしてもはや、政治的地位を持つ「国民」である必要もなくなるということになる。

「国民」という政治的主体は、国家のなかでさまざまな拘束を受けるが、その代わりに、権利を与えられたり、保護の対象とされたりする。けれども、統治の軸が国家からグローバル市場経済に移っていくと、人々は国家の保護が希薄化したところでグローバル市場に直接的にさらされることになる。

さらに、グローバル市場の仕組みは、市場から排除されると生存を維持することさえできないものとして作られており、根本的に生にかかわるものとして現れる。だから、例えば、第二六六代ローマ法王フランシスコは、現代の経済システムを、抑圧され疎外された人々を野ざらしに放置していると批判する。グローバル市場経済は人間から「主体性」を剝ぎ取り、何の庇護の下にもない「剝き出しの生」としての人間に対する管理をおこなう。それは、食べて生きていく「生きもの」としての人間に対する統治なのである。つまり、そこでは、「人格」も「人権」も失効している。それが、政治を後退させた経済的統治の様相だ。

グローバリゼーションと生政治

したがって、グローバリゼーションの時代における統治は、ミシェル・フーコーがテーマ化した生政治の側面を際立たせることになる。生政治とは、フーコーによると、政治が「人口」を問題にしはじめたときに生じたものであり、「人口集団（population）としてとらえられた生活者の総体に固有な現象、すなわち健康、衛生、出生率、寿命、人種などの現象によって統治実践に対して提起される諸問題を、合理化しようとする十八世紀以来のやりかた」である。[30]

このようなフーコーの考え方を受けて、ジョルジョ・アガンベンは、生物学的な生に対する統治をおこなう生政治的な空間である強制収容所を近代の政治の隠れた範例としてとらえた[31]。強制収容所とは、人間の生を管理の対象とする究極の場所であると同時に、もはや何を「人間」と規定すべきなのかも不明瞭にし、「人間」を単なる「生きもの」として扱う場所だ。例えば、かつてのアウシュヴィッツ強制収容所や、現代であれば、「テロリスト」とみなされた人々が裁判にかけられることもなく拘留されるグアンタナモ収容所だ。アガンベンはこうした強制収容所を、政治の範例ととらえた。生に対する統治は、もはや「例外状態」と呼ぶべきものではなく、常態化した統治の方法となった。その意味で、アガンベンは、生政治の空間としての強制収容所がわたしたちが現在生きている政治空間のモデルとなっているということを示したのである。

生政治はグローバル市場経済が前面化してくることによって際立ってくる。グローバル市場経済のなかで人々が「生きもの」として扱われ管理されるという状況は、アガンベンの言う政治の強制収容所モデルの別の現れ方であり、そこでは、構築された社会組織というよりも、ひとりひとりの人間の生に対する直接的な統治がおこなわれているのである。

そしてアガンベンは、グローバリゼーションのもとにおける人間の政治的・存在論的状況を人々の「難民」化としてとらえた。国家に帰属しない、そこから排除されたもの、「国民」ではないもの、それが「難民」である。

ハンナ・アレントは『全体主義の起原』のなかで、第一次世界大戦後に生み出された難民と無国籍者の「大群」について次のように書いた。

ネイションの基礎をなしていた民族－領土－国家の旧来の三位一体から諸事件によって放り出された人々は、すべて故国を持たぬ無国籍者のままに放置された。国籍を持つことで保証されていた権利を一旦失った人々は、すべて無権利なままに放置された。[32]

すなわち、難民とは、「民族－領土－国家」から締め出されることによって権利を失った人々である。今日、国民として保護されるよりも、国家の「制度改革」のなかで保護の枠組みを取り払われた人々とは、「難民」の姿に似ている。それが現在の世界の人々の一般的な様態であるとすれば、国家は存在していても、かつてのように国民に権利を与え保護するものではなくなったということである。アレントは大量の難民の発生を「国民国家の没落」としてとらえたが、現代のグローバリゼーションによって、「国民国家の没落」は明らかなものとなった。

難民――「現代の人民の形象」

アガンベンは現代の状況の特徴を、人々の「難民」化と国家のスペクタクル化という点に見ている。ただし、その二つの特徴は、単にわたしたちの時代に暗い影を投げかけているだけではない。それはいま、共同性が別のあり方で現れる可能性をも示唆している。

この二つの事象は、どちらも、同一性を破損させている。だが、そのことによって、人間がひとりの個として完結しうるようなものではなく、「共にあるもの」としてありうることを見せている。まず、難民について見てみよう。アガンベンはアレントが難民と無国籍者の条件を新たな歴史意識の範例として提示したことを受けて、次のように言う。

この問題は今日ヨーロッパ内で、またその外で、同様の緊急性をもって立ち現れているし、のみならず、以来とどまるところのない国民国家の没落および伝統的な法的‐政治的諸範疇の崩壊にあっては、難民はおそらく、現代の人民の形象として思考可能な唯一の形象であり、この難民という範疇においてはじめて、到来すべき政治的共同性の諸形式および諸限界をわれわれは垣間見ることができる。[33]

なぜ難民が問題となってくるのか。それは、国民国家の成立そのものに関係している。国民国家は人々の「生まれ」を主権の基礎としている。「国民国家 Stato-nazione とは、生まれ natività ないし誕生 nascita を（つまり人間の剝き出しの生を）自らの主権の基礎とする国家を意味している」[34]。「国民（イタリア語で nazione）」は「生まれ（イタリア語で natio）」と語源が同じである。国家は、人が生まれるとその人を「国民」というメンバーとして登録し国家に組み込み、そのようにして主権の基礎に「生まれ」を結びつけたのだ。

しかし、国民国家という枠組みで固めることによって、それに属さない人々も生み出されることになる。その人々が、難民（避難民 réfugié）と呼ばれる。多くの難民が生み出された最初の事例は、第一次世界大戦の終わりである。そのとき、「さまざまの平和協定が国民国家という範型にもとづいて（たとえばユーゴスラビアやチェコスロヴァキアへと）構成した新たな国家組織においては、住民のおよそ三〇パーセントが、たいていは死文にとどまった一連の国際条約（いわゆる少数民族条約 Minority Treaties）によって保護する必要のある少数民族となっていた[35]」。人々を国民国家への帰属でくくっていったときに、そのくくりでは掬い取ることができない人々、あるいは締め出されてどこにも属さない人々が出てきたのである。属する国家のない人々が難民とされる。

けれども、逆に、そのような難民の存在は、「人間と市民との同一性、生まれと国籍との同一性を破断する[36]」ような、国民国家を揺るがすものとなる。現代において「しだいに多くの人間が、国民国家の内部ではもはや表象されえなくなって[37]」くることにより、人の「生まれ」の登録によって成り立っていた国民国家の秩序が揺らぎはじめる。難民とは、国民国家という形態が世界的に普及したときに、その枠組みに収まりきらないところから生じてくる夾雑物であるとも考えられる。

現代において、一方では国民国家の原理が働き続け、もう一方ではグローバル化が国民国家の根拠そのものも押し流すかたちで展開していく。そうした状況のなかで、難民の問題はさらに困難なものになっていく。「産業化された諸国が今日直面しているのは、市民ではない定住民からなる大衆」である[38]。出身国の国籍を持ちながらもその国の法のもとに置かれることを望まない事実上の無国籍者や、国家による保護から見放されグローバル市場経済のなかに投げ込まれた人々がいる。アガンベンはそのようなことを念頭に置きながら、難民を、「現代の人民の形象」であると言う。ただし、アガンベンは、ますます多くの人々が国家のなかに取り込まれない難民となるとし、難民を「現代の人民の形象」であるとまで言いながらも、それによって国民国家体制そのものが崩壊するとまでは考えていないように見える。それは、アガンベンの天安門事件のとらえ方に現れている。アガンベンは、一九八九年の天安門事件を、国家を否定し揺るがそうとする人々が現れた事例として挙げている。[39]

天安門事件は、アガンベンによると、人々が国家に対する否定を示しながらも特に何の具体的な要求も持たなかった出来事だった。天安門事件は、「表象されることもできず表象されることを望みもしないもの、にもかかわらず一つの共同性、一つの共通な生として姿を現すもの[40]」だった。つまり、自主的に国家という同一性の共同体を逃れ、同一性のない共同性を表明しようとするものであったとアガンベンは考えている。しかし、その試みは成功することはなく、天安門事件は国家の武力弾圧によって鎮圧されることになる。アガンベンはその事実を次のように受け止める。

じっさいにも、最終的には、国家はどんなアイデンティティ要求でも承認することができる。（中略）しかし、複数の単独者が寄り集まってアイデンティティなるものを要求することのない共同体をつくること、複数の人間が表象しうる所属の条件を（たんなる前提のかたちにおいてであれ）もつことなく共に所属する〔co-appartenere〕こと――これこそは国家がどんな場合にも許容することのできないものなのだ。[41]所属そのもの、自らが言語活動のうちにあること自体を自分のものにしようとしており、このためにあらゆるアイデンティティ、あらゆる所属の条件を拒否する、なんであれかまわない単独者こそは、国家の主要な敵である。これらの単独者たちが彼らの共通の存在を平和裡に示威するところではどこでも天安門が存在することだろう。そして遅かれ早かれ戦車が姿を現わすだろう。[42]

アガンベンの見方では、天安門事件の特徴は、人々が特に何も要求しないというところにあった。これはモーリス・ブランショが「企てなしに」というところに注目した、一九六八年五月のフランスの五月革命の状況と類似しているだろう。[43]天安門事件は国家権力によって鎮圧されるが、アガンベンは、それが鎮圧されなければならなかったのは、同一性や所属条件を持たず要求もしないままに人々が存在するということを国家が容認できなかったからだと言う。そのために天安門のような事例には、最終的には「戦車が姿を現わす」ことになる。

一方では、国民国家という仕組みがあることの裏返しとして国家の外に人々が難民として置かれるという状況がある。そしてその一方では、天安門事件のように具体的な企てもなく具体的な要求もない人々に対する、国家の鎮圧がある。国家という体制のなかで、人々の同一性からの「締め出し」と、人々の同一性への回収作業が並行しておこなわれているように見える。これは、どちらも完了されることのない作業である。国民国家のなかにおさまりきることのない「難民」が顕在化すること、そして、天安門事件で見られたようないかなる要求も持たない運動、つまり、所属の条件を拒否しながら所属そのものを自らのものにしようとする要求があること、これらのうちには、国民国家のようなかたちとは別の共同体が示されている。それは、かたちをなすことなく、「なんであれかまわない単独性」を分かち合うだけの共同性である。

スペクタクル国家

さて、アガンベンはもうひとつ、国家の変容とそれに伴う新しい共同体の到来を徴づけるものとして、国家のスペクタクル化について言及している。

スペクタクル化は、資本主義の展開とともに、あらゆる領域に広がっていく。資本主義は「もろもろのイメージの莫大な蓄積というかたちで立ち現われ」てくる。[44]現実の世界は、イメージに変形される。そのとき、「生産の総体を変造してしまったスペクタクルは、いまや集合的な知覚を操作し、社会的な記憶とコミュニケーションを独り占めして、それらを単一のスペクタクル商品に変貌させてしまうことができるようになる[45]」。

こうした問題は、すでにハイデガーによって指摘されていた。ハイデガーは一九五五年の講演で次のように述べている。

毎日毎時、彼等［ドイツ人］はラジオやテレヴィジョンに縛り付けられております。毎週、映画は彼等を、普通ではないが多くの場合つまらぬものにすぎないところの表象圏域の中に拉《つ》れ去るのであり、その圏域は巧みに或る世界を見せかけますが、その世界は決して世界ではないのであります。何処へ行っても《写真入週刊誌》はぶら下がっております。現代の技術的な諸々の通信器具は毎時間毎時間、人間を刺激し、奇襲し、追い回しているのでありますが、そのための材料とされているもののすべて、そういうもののすべての方が、今日では既に人間にとって、自分の屋敷の廻りの耕地よりも、一層身近かであり、地を覆う空よりも、昼と夜の時の歩みよりも、一層身近かであり、村の風俗習慣よりも、故郷の世界の伝えよりも、一層身近かであります。[46]

（［　］内は引用者が挿入）

ハイデガーはこのように述べ、現代は「土着性」が脅かされていると言った。それは、現代の人々が、イメージに変形した世界を、直接的に体験する世界よりも身近に感じているということだ。イメージ経験が直接的な経験に取って代わる。これがスペクタクル化にほかならない。スペクタクル化の現象は、資本主義が完全に展開されている今日では、極限まで進められていっている。

だが、アガンベンは、そのようなスペクタクル化の現象を、単に否定的なものとして受け止めているのではない。なぜなら、彼は、スペクタクルにおいて人間に固有の「言語的本性」そのものが現れてくると考えているからである。その瞬間に、スペクタクルはポジティヴな可能性をさらし出すものとして見えてくることになる。アガンベンは、スペクタクルとは「言語活動、交流可能性そのもの、人間の言語的存在のこと」であると言い[47]、次のように述べる。

われわれの生きているこの時代はまた、人間が自分の言語的本質を――言語活動のこれこれの内容をではなく言語活動自体を、しかじかの真の命題をではなく人が話すという事実自体を――経験できるようになったはじめての時代でもある。(中略)スペクタクルにおいて、啓示するものがそれの啓示する無の中にあって覆われたままであることを許さず、言語活動自体を言語活動へと導くことで、この経験を徹底的に完遂することに成功する、そうした者たちだけが、前提も国家もないある共同性の最初の市民になるだろう。[48]

スペクタクルによって人間が本質的に言語的存在であることが見えてくるとアガンベンは言う。それはどういうことだろうか。人間は言葉を持っている。そして言葉を持っているということそれ自体が、人は自分以外の誰かとコミュニケーションをすることを前提としているということを意味している。したがって、言葉を持つものである以上、人間はコミュニケーションするという本質を持っているのである。それがアガンベンの言う人間に固有の「言語的本性」である。人間がある特定の言語、特定の国家、特定の民族などから切り離された現代において、コミュニケーション性そのものが自律的な、そう言ってよければ「剝き出し」のものとして、あるいは、それしかないものとして現れる。人間がコミュニケーションするということ、それは、他者を前提としているということであり、人間が否応なしに他者に対して開かれているということを示している。

その点で、アガンベンの思考はナンシーの共同性に関する考えに呼応していることができるだろう。そして、また、アガンベンは、モーリス・ブランショを念頭に置きながら、言語活動とは「何も明かすことができない」ものであり、「あらゆる事物の無を明かす」ものであると言っている[49]。

コミュニケーションそのものは何かを伝えるわけではなく、まさに「無為」（働かないこと）としてのみ、ありうる。したがって、人間が言語的存在であるということが明らかになるということは、無為のコミュニケーションへと開かれているということを示している。

スペクタクルの社会において、人間は、ラディカルなコミュニケーション性をさらし出したものとして存在している。ここでもまた、ブランショがとらえた五月革命の人々の様相との類似を見ることもできるだろう。ブランショいわく、五月革命においては、語るべきことが重要なのではなく「語るということが、語られるものにまさっていた[50]」。このような人間の言語的存在という性質、コミュニケーションそのものへと開かれる契機がスペクタクル社会においてこそ明らかになる。

潜勢力としての共同性

アガンベンは、「スペクタクル国家」に、共同性のあらたな到来を見ようとした。そのことをどうとらえたらいいだろうか。アガンベンの言う「来るべき共同体」を特徴づけるのは、人々が「特異な」存在であるということだ。それまでの国民国家がつねに同一性を要求していて、同一性を基盤として成り立っていたのに対して、スペクタクル国家は、社会的同一性や何らかの所属条件によって特徴づけられない特異性を生み出す。この特異性とは何だろうか。アガンベンのいう特異性は、「あるがままの存在」と同義である。それは、同一性を持たず、何らかの所属関係に条件づけられない「あるがままの存在」である。「あるがままの存在」をアガンベンは「なんであれかまわないもの」とも表現している。

〈なんであれかまわないもの〉は、個物ないし単独の存在をある共通の特性（たとえば、赤いものであるとか、フランス人であるとか、ムスリムであるとかといったような概念）にたいして無関心なかたちで受けとるわけではなく、それがそのように存在しているままに〔ありのままに〕受けとるにすぎない。[51]

ありのままにその存在を受けとり、同一化を働きかけない。何か共通のものを持つ必要はないのだ。アガンベンは、そういった特異なものたちの共同体を思考しようとする。そして、そのときにアガンベンが着目するのは、人間の潜勢力である。人間は、いかなる同一性、いかなる使命によっても汲み尽くされえないものである。つまり、それは、純粋な潜在性の存在だということだ。[52]

アガンベンは、潜勢力こそが人間にとっての本質であると考える。潜勢力とは何か。それは、アリストテレスのデュナミスに由来する言葉だ。アリストテレスは、エネルゲイア（現実態）という働いている状態に対立する概念として、デュナミス（可能態、潜勢力）を定義した。エネルゲイアは、エルゴンという、職業や仕事や作品を意味する言葉と結びついている。人がエネルゲイアの状態、すなわち活動している状態にあるのは、具体的な何らかのエルゴンを持つことによってだ。一方で、デュナミスは、エルゴンとして実現される以前のものであり、可能性の状態に保留されている。エネルゲイアの前提に、デュナミスがある。アリストテレスによると、デュナミスがエルゴンとして実現されることによって人間が完成する。このため、デュナミスが存在していたことが示されうるのは、エネルゲイアという実現の状態においてのみである。したがって、デュナミスはつねにエネルゲイアに従属している。その意味で、デュナミスはつねにエネルゲイアの陰に隠れている。働いている状態が現実態で、それに対して、現実態になる以前の状態が潜勢力だ。

だが、デュナミスは単にエネルゲイアの影なのだろうか。アガンベンは、そうは考えていない。デュナミスはエネルゲイアから遡ってしかとらえられないものではあるが、現実態に移行することのないデュナミスもありうる。そうであるとすれば、デュナミスをエネルゲイアの観点からのみ考えるのは不十分なのではないか。

さらにアガンベンは、「人間そのものをエルゴンに汲み尽くすことはできない」と言う。つまり、エルゴンとして実現されたものが人間のすべてではない。アガンベンは「人間の潜勢力の偉大さは実現しない可能性を持つこと」であるとまで言い、潜勢力が現実態に移行しないことができるということと、潜勢力は潜勢力のまま保持されうるということを強調する。

つまり、アガンベンの言う潜勢力とは、現実態とは何の関係も持たず、それどころか、現実態に還元しえないものである。そして、その潜勢力は現実態に移行しなくてもいいのである。そのようにして、アガンベンは、エネルゲイアとデュナミスの観点からしか考えられてこなかった人間を、デュナミスの存在として、あるいはエネルゲイアとデュナミス両方を持ったものとして、つまり、現実態と現実態には移行しなかった潜勢力とを兼ね備えているものとしてとらえ直すのである。

アガンベンは、人間がそのような潜勢力の存在であるというところから共同性を思考し直そうとする。共同性は潜勢力と一致すると考えられるからである。

共同性と潜勢力は残すところなく一体化する。なぜなら、共同性の原理がそれぞれの潜勢力のうちに備わっていることが、あらゆる共同性の必然的に潜在的な性質をもつ働きだからだ。つねにすでに現勢力である存在、つねにすでにこれそれのものである存在、これそれの同一性である存在、その潜在力を完全に使い切ってしまった存在、そうした存在のなかには、いかなる共同性もありえない。そこにあるのは偶然と事実上の分割だけである。[53]

つまり、潜勢力を汲み尽くされてしまって何らかの同一性のもとに置かれた現実態のなかに共同性はなく、潜勢力の状態にあるものだけが共同性を持つのだ。

そのために、難民や無国籍であるということがきわめて今日的な人間のあり方であるというとき、それを否定的な面からのみとらえるのではなく、国民国家という同一性の共同体から逃れるものとして肯定的にとらえることができる。もちろん、それが、「自発的に」そこから逃れたのではないにしても、である。

アガンベンが思考するのは、具体的に実現される共同体ではなく、潜勢力としての共同性それ自体である。それは、ナンシーの描く共同性と同じだ。わたしたちのあいだには、特に「共有」するものは何もない、そうしたことから成り立つ共同性なのだ。あえて言えば、具体的な何かを共有するというよりも、存在することそのものが共有であるということになる。アガンベンにおいては存在が潜勢力そのものであるため、可能態であるということが共同的だということもできるだろう。

アガンベンは、政治を、人間が潜勢力の存在であるという性質に対応するものとして定義するべきであるという。[54] そこにおいて政治は、「人間の理性がはたらいている状態からのみで決定される」のではなく、「みずからの非‐現存在の可能性、さらにはみずからの無為の可能性をさらけだし、かつ内包している、そのようなふるまいから決定される」ものとなる。[55] 人間は、特定の役割に割り当てられているのではなく、潜勢力として存在していて、そしてその状態で他者に開かれている。そうした観点から、政治を再定義できる。それがアガンベンの言う「来るべき共同体」である。その共同体は、やがて現実態になる、やがて実現するという意味で「来るべき」ものなのではなく、いつも「来るべき」ものとして潜勢している。そこにおいては、「あるがままの存在」、特異性、つまり、誰であってもかまわない存在というものが、国家に見放され、市場にさらされている人々の共同性を支えるパラダイムになっているのである。

3　生の前提条件に遡るエスポジト

開かれる生

アガンベンは、グローバリゼーションや資本主義の展開に伴う人々の「難民」化や国家のスペクタクル化という現象を通して共同性を問い直した。たしかに、現代世界の変容は、人間の共同性のあり方を根本から変えている。

人は長いあいだ政治的主体として考えられてきた。しかし、グローバリゼーションの進行によってすべてが市場に組み込まれていくにつれて、政治的主体という見方は失効し、人は経済のエージェントとしてしかカウントされなくなる。政治的主体性を失って、経済の領域の一要素として還元されることは、アガンベンの言うところの人々の「難民」化のひとつの現象である。しかし、グローバリゼーションの状況のなかで、人々が「剝き出しの生」として露呈されるということは、単にネガティヴにのみとらえられるべきものではない。国家がひとつのフィクションの制度である以上、「国民」という政治的主体もまたフィクションにほかならない。国家制度のもとでは、「国民」というアイデンティティのもとですべてがくくられ、そこに収まりきらないものは覆い隠されたり排除されたりしてきた。国家が政治的主体を形成する過程で人間の生身の生は変形させられ、そして、政治的主体に収まりきらない部分は、国家の外部、すなわち合理的領域の外部として削《そ》ぎ落とされてきたのである。

したがって、「剝き出しの生」の露呈とは、それまで国家が人々を政治的主体へと強制的に変換していくなかで排除してきたものを明らかにすることでもある。この状況のなかで、政治的主体という擬制を持つことのない人間の生、つまり、いかなるフィクションにも取り込まれない人間の生について考えることができるだろう。人が「剝き出しの生」として露呈することを、ある意味ではポジティヴな現象としてとらえられうる。

　フィクションに取り込まれない人間の生。それは、どのようなものなのだろうか。アガンベンは、ゾーエーとビオスという古代ギリシアの観念を参照しながら、人間の生を再定義しようとする。ギリシア語のゾーエーとビオスは、どちらも「生」を表す言葉であるが、その意味は区別される。ゾーエーとビオスは「生」をそれぞれ別の側面からとらえた表現である。ゾーエーとは、人が生きて経験する生や、「生の原理」のことである。それに対して、ビオスとは、個として形作られた生である。ゾーエーが特徴を持たない即自的にとらえられた生であるのに対して、ビオスは、個として特徴を持つことで現れてくる生であり、対他的・外的な「現れ」としての生である。ゾーエーが個別のものではなく連続した生（生命）を指しているのに対して、限定的に個別性として現れてくるのがビオスである。「ゾーエーはビオスの一つひとつが真珠のように通して並べられる糸であり、この糸はビオスとちがって、ひたすら無限に連続するものだと考えられる」[56]。したがって、ゾーエーとビオスは、どちらも「生」のことであるが、生きている生と生きられた生、原理としての生と外に現れる何らかの形式を伴った「個」のかたちを取る生ということになる。

このように考えると、人間の生は外に向けて開かれているということが分かる。人は決してひとりで現れ出るのではなく、外部に触れることで現れ出る。外部や他者があってこそ人間の存在が成り立つため、存在の成立は他者に依存している。それは、その存在が他者に向けられたもの、他者によって受け取られるものであるということを表している。その意味で、ゾーエーとビオスの二つの相を持つ生は、他者に向けて開かれている。外に向けて、他者に向けて、生がさらされている。

人間の生が他者へと向けられていて、他者によって受け取られるものであるという事実は、人がつねに他者とかかわりを持って生きているという共同性をあらためて認識させることになる。その共同性とは、例えば国家のかたちで現れたような制度的かつ想像的な共同体のことではなく、むしろ、そのような共同体を成立させる可能性や条件や基盤のことである。人間の存在が絶対的に他者に対して開かれているものであるということに、共同性がすでに生の前提条件として現れていることが示されているのだ。

したがって、グローバル市場が人間から政治的主体という表皮を引きはがしたときに、人間の生の前提条件としての共同性が見えてくる。ナンシーやアガンベンが示したのは、そうした根本的な生の前提条件としての共同性だった。そしてまた、ナンシーやアガンベンの思考の展開を受けて、かつそれと共鳴するかのように、イタリアの哲学者ロベルト・エスポジトもまた、存在論的次元における共同性を思考する。エスポジトは、『コムニタス——共同体の起源と運命』『イムニタス——生の保護と否定』『ビオス——生政治と哲学』の三部作で共同体や生政治について論じている。それは、主体が成り立たないところから始まり、完成することがなく、そして完成しないということによってこそ支えられる共同性である。「共同性は社会の前や後にあるのではない。それは社会が押さえ込んだものでもないし、社会が自身の前に置くゴールでもない[57]」とエスポジトは言う。

共同体の語源

エスポジトは、共同体について考えるにあたって、「共同体」という言葉の語源に遡るところから始める。ラテン語で共同体を意味する「communitas」とその形容詞「communis」は、「固有のもの」とは反対の意味を持っている。「共同」とは、「固有のもの」でも「私有のもの」でもなく、多くの人々あるいは皆に属するものだということを意味している。

エスポジトが注目するのはこの言葉の成り立ちだ。「communitas」は「cum」と「munus」が結びついてできている。

「cum」は「共に」を意味する。「munus」は、mei- という語根と接尾辞 -nes で成り立っているが、これは、三つの意味を持ち、その三つの意味の間で揺れ動いている言葉であるとエスポジトは述べる。その三つの意味とは、「onus 重荷、負担」「officium 職務、奉仕」「donum 贈り物」である[58]。最初の二つは「義務」という意味にすぐに結びつくだろう。しかし、「贈り物」という意味の前でエスポジトは立ち止まる。「どのような意味で贈り物が義務なのだろうか？　逆に、贈り物という観念には、自発的な何か、そして、まったく進んでおこなう何かがあるように見えないだろうか？」[59]。

この「贈り物」は、何か特別な贈り物を意味している。それは、「人が与えなければならないから、そして与えないわけにはいかないから与える贈り物」である[60]。その贈り物を受けとった人は義務を負う。そのために「再度、「贈り物」と「任務」との重なり合いが視野に入って来る」[61]。「munus」は贈り物を受けとった人が負っている義務であり、そしてその義務として人が支払うのは、やはりまた「贈り物」である。

エスポジト自身が指摘しているが、ここには、フランスの社会学者マルセル・モースが『贈与論』で展開した、贈ること、受けとること、返すことの三重の義務とほぼ同様の考えがある[62]。モースの見出した贈与のループは未開社会のものだったが、じつはわたしたちもまた、みな贈り物を受けている。それは、生まれることだ。エスポジトは、人が最初に受けとる贈り物が出生であるという。「ひとりの他人の女とひとりの他人の男から、生そのものが出生者に贈られている」[63]。出生そのものが贈り物だということ。人は、生まれたその瞬間に贈り物を受けとる。贈り物のお返しをしなければならないとしたら、それが義務だとするのであれば、人は、生まれながらにして贈り物をするという逃れがたい義務を負っていることになる。

さて、義務や贈り物という意味を持つ言葉「munus」が、「communitas 共同体」のなかに含み込まれていて、そしてそれは「cum 共に」という言葉を伴っている。つまり、この言葉の成り立ちからすると、任務や義務や贈り物と共に在るもの、それが共同体だということになる。「共同体の構成員の結びつきを正確なやり方で描こうとするならば、このような由来は重要である。munus 以外のいかなる関係も、共同体の構成員を結びつけはしない」[64]。贈り物ループの義務が、人々を結びつけ、共同体を作り上げている。

また、エスポジトは「communitas」の対となる言葉「immunitas」という語を取り上げている。「communitas」が「cum 共に」と「munus」が結びついてできた言葉であるのに対して、「immunitas」は否定を表す「im」と「munus」とが結びついてできた言葉である。つまりは「munus」を否定している言葉だ。具体的にどういう意味かというと、「immunitas」は医学用語では「免疫」、法律用語では「(義務や税の)免除」を意味する。エスポジトは次のように言う。

> 語源学によってもたらされた複雑な問題に深く立ち入ることはできないが、免疫、つまりラテン語でいうイムニタス〔immunitas〕は、コムニタス〔communitas〕の反対ないし裏返しとなるといえるだろう。この語彙は両方ともムヌス〔munus〕――「贈与」「任務」「義務」を意味する――という語から派生しているが、コムニタスが肯定的な意味であるのにたいし、イムニタスは否定的な意味を持つ。そのため、もし共同体のメンバーが、贈与というこの義務、すなわち他者への配慮というこの法によって特徴づけられるとすれば、免疫は、こうした条件からの免除もしくは適用除外を意味することになる。[65]

「immunitas」は「免疫」という意味ではあるけれども、その意味が出てくるのは、当然、免疫というものの存在が確認された後のことだから、当初は、「義務や職務から免れていること」「税を免除されていること」といった、「免除」の意味を持つ言葉だった。それでは、「immunitas」の対比となる「communitas」はどういう意味になるのか。それは、「義務から免れていないこと」になる。「immunitas」との対比によって、「義務から免れていない」という「communitas」の意味が明らかになる。

欠如としての共同体

生そのものが人にとっての贈り物である。そのために、生を受けとることにより発生する義務は免れえないものとなる。

この義務は、あらゆる人間にたいして課され、ひとりが他の各人にたいして負うものなのである。こうした義務は、倫理的な意味で理解されるべきではない。さもなければ、倫理的な意味でのみ理解されなければならない。だが、それでもさしあたっては、いっそう根本的に、存在論的な意味で解される必要がある。わたしがいわんとしているのは、こうした義務は、あらゆる倫理が拠りどころとする人間性《フマニタス》の領域そのものに先行するがゆえに、倫理に先行するということである。義務が倫理に先行するというのは、この義務が、いまだ人間性が人間性というものとして存在していない母型《マトリーチェ》に根ざしているからである。[66]

わたしたちの免れえない義務は、存在することのうちにすでに含まれている。そして、そうしたものだからこそ、その義務は免れえないものである。

その義務は、これで終わりというところがなく、際限がない。終わりのない義務だ。だから、わたしたちは、つねに「まだ義務を履行していない」状態、誰かに対して「これから義務をはたさなければならない」状態に置かれている。そこに、「限りのない欠如、支払不能の負債、埋めることのできない欠陥[67]」が見出される。

はたされることのない義務があり、そこから、決して埋めることのできない欠如があると言えるのだが、この欠如こそが、共同体を特徴づけるものである。だから、共同体は、いつまでたっても欠如のものであり、決して完成されることがない。

共同体は、必要であると同時に不可能なのだ。共同体はつねに欠如をともなって生じるだけではない、また、けっして完成されないというだけでもない。ともにわたしたちを支え、共同の‐存在《イン・コムーネ》、ともに‐在ること《コン・ユッセルチ》としてわたしたちを形成するものは、まさに欠如であり、非成就であり、負債であるという特殊な意味において、共同体は欠如そのものなのである。[68]

共同体は、欠如したものとしてしか、未完のものとしてしか、現れない。だからそれは、いつも「不可能なもの」だ。共同体が不可能なものであるということ、これこそが共同体を徴づける。

共同体が不可能であるということとは、実際、不可能性は共同体であるということを意味している。共同体とは、男性と女性がその法を受け入れるとするならば経験することのできる唯一ののである。その法とは、彼らの有限性という法、つまり、共同体の不可能性という法である。それが、彼らが確かに共有しているものである。共同体の不可能性によって、彼らの共通のmunusである不可能性によって、彼らは一緒に結びつけられる。到達できない「客体」として彼らを横切り彼らを凌駕する「欠如」によって、彼らは結びついているのである。[69]

欠如が人を緩やかに結びつけ、不可能な共同体をかいま見せる。そしてまた、この欠如によって結ばれている共同体では、人が自らひとりで「主体」としては成り立ちえない。「共同体が、主体性より以上のものではなくて、それ以下のものと結びついているということ、このことが示しているのは、共同体のメンバーがもはや自分自身と同一ではないということ」である。「私」は他の誰かがあってこそ成り立つもので、自分ひとりとしては完結しない。

その不可能な共同体が示しているのは、わたしたちが、つねに他者を前提として存在していることだ。共同体には、自己完結の不可能性、つまり「私」が「私」として完結することの不可能性があるだろう。

「共に」の経験を、かつてバタイユは、自らを失うことによって経験できるものと考えた。エスポジトはこう言う。

> ハイデガーにおいて、「cum 共に」がはじめから私たちの条件を定める原初の形であるとすれば、バタイユにとって「cum 共に」は限界を構成しており、人は自己を失わずにはその限界を超えて経験することはできない。このため、人は、私たちの存在がそれ自身の外へと逃れつつその頂点と深淵に到達する短い瞬間（笑い、セックス、血）以外には、「cum 共に」の状態に「とどまる」ことができない。ハイデガーに欠けていたのはこの痙攣である。ハイデガーにとって存在が閉じられたままでありそれ自身にとどまるものであったからではなく、存在がすでに常にその外側に見出されるものだからだ。[70]

存在は「もともとから自身に対して欠けている」とエスポジトは言う。だからこそ、共同性が開示されるのである。

主体が主体として成り立たないところに、そして「ともに」義務を負った状態にあるところに、共同性は見出される。それは人が生きるうえで免れえない、生の前提条件としての共同性である。「ともに」という状態でしか存在はありえないとするエスポジトの思想は、ナンシーが描き出した「分有(partage)」と響き合っている。ナンシーがハイデガーの思想から紡ぎ寄せた「共存在」というあり方は、エスポジトの「communitas」という言葉を語源からとらえ直したことによって裏打ちされることとなったのである。

ナンシーが共同性を制作や労働の対象以前にある、主体的構成を解かれた「無為」の様態における「分有」や「共出現」に見出し、そして、アガンベンがそれをエルゴン(職業、仕事、作品)以前の潜勢力として描き、その不断に「来るべき」ものとしてある性格を明らかにしたのだとすると、エスポジトは、その共同性の倫理以前の「義務」に結びつけられたものとして描き出したのである。こうして現代の「共同体」の思考は、このような「脱構築」の重なりを経て、脱主体的で表象しえないものとしての性格、つまり、イメージのあいだにあって描かれないものとしての性格を明らかにする。

第五章　イメージと人々と共同性

不可能な共同性

グローバリゼーションの動きのなかで、人々は、国民国家の実質としての存在である「国民」や政治的主体として規定された「人民」といった何らかの政体を代表する主体ではなくなりつつある。逆に、そういった主体の枠組みから解き放たれ、「剝き出しの生」としてさらされた人間へと変化している。人は表象・代表したり、表象・代表されたりする主体から、さらされる何ものかへと変わったということだ。そして、政治的主体たりえない人々は何らかのまとまりを構成しうるものではなくなる。それは、政治空間から共同性が見失われたということでもある。こうした状況のなかで、「剝き出し」になりばらばらになった人間にとって、共同性は不可能なものに見える。

しかし、ジョルジョ・アガンベンが指摘したように、存在の様式が「剝き出しの生」となることによって、人間が生の前提条件としてかかえている共同性が露呈されることになった。その共同性は、ロベルト・エスポジトの言うように、まさに不可能なものとして現れてきたのである。共同体が実体を持つこともなく完成することもないものだということ、ただ単に露呈されるものでしかないということ、そういったことが明らかになったのだ。

そのような共同性の現れをどこに見ることができるだろうか。単に露呈されるものとしてしかありえない共同体の論理に敏感に反応し、「露呈」をイメージの体験の核心に置いたのがジョルジュ・ディディ＝ユベルマンである。

パリ・コミューンの写真

ディディ゠ユベルマンは、遺棄された人々のイメージのうちに、共同性とは表明されえない、いわば零度の共同性を見出した。

一八七一年にアドルフ・ウジェーヌ・ディデリによって撮影された一枚の写真がある。そこには、パリ・コミューンに参加し、ヴェルサイユ政府軍によって殺された一二人の死体が写し出されている。彼らはそれぞれ棺《ひつぎ》のなかに入れられて並べられている。このイメージから、ディディ゠ユベルマンは、殺されたパリ・コミューン参加者の共同体そのものについて、彼らが一見したところ偶然に一緒に死にさらされていることについて、そして共同性の露呈について考える。彼らの死体が隣り合っているのは偶然のことだが、その偶然性はパリ・コミューンという出来事によって結びついている。パリ・コミューンの革命それ自体は失敗に終わるのだが、しかしパリ・コミューンに参加した人々の「共同体」は、ディデリによって撮られた写真のなかで隣り合わせになった棺によって表現されているとディディ゠ユベルマンは言う。

死体は互いに触れ合い、あるいは互いにくっつけられ、文字通りの共同体を形成している。彼らは同じ理由で、一緒に銃殺され、死によって結びつけられている。しかしまた、集団や区別されないまとまりとしてあるのではなく一人ずつ数えられるものとしてあるように、死のなかでも隔てられている。[1]

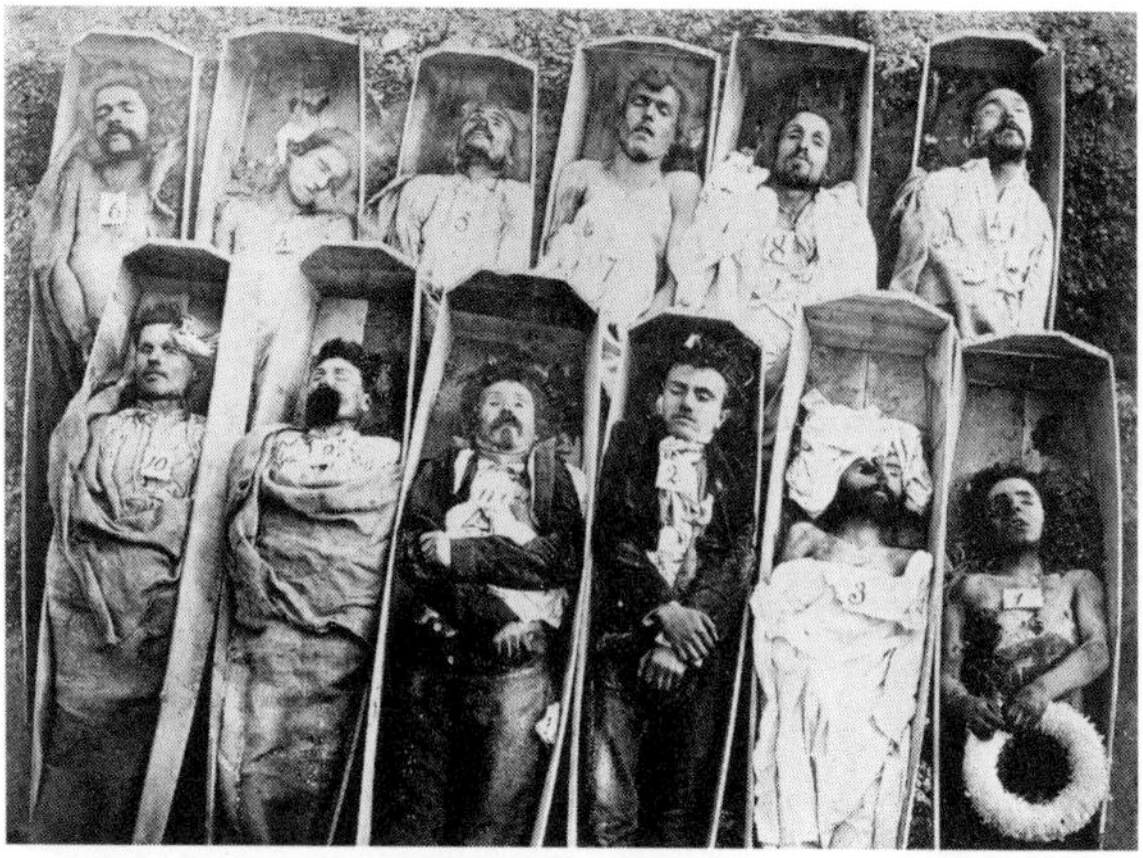

ディデリによって撮影されたパリ・コミューンの死者たち

「本当の共同体」とは何だろうか。ジャン＝リュック・ナンシーやアガンベン、そしてエスポジトによって、共同体とは、何らかの実体として実現されるものではなく、存在することそのものがすでに共に存在することであるということが確認された。そして、特に、ナンシーが共同体の開示の契機としてとらえたのが死であった。

　ナンシーは死が「私」ひとりによって完結されるものではなく、必ず共同の出来事として生じると言う。死という場面で、共同体が、目的もなく、かたちもなく露わになるのだ。そのことを念頭に置くと、ディデリの写真が死を見せるとき、そこには共同性の露呈があるということが分かる。彼らは死を分かち合っている。その写真のイメージにおいて、殺された人々は死にさらされ、彼らの死がわたしたちの目の前にさらされ、見る者が死の共同的な性格を確認するとき、その共同の死が見る者に分かち合われる。

パリ・コミューン参加者の一二の死体は、ディデリの署名の入ったイメージの中で私たちの目の前に共に現れる。彼らは一緒に登場している。彼らが呈示されていることとそれ自体が、彼らが分有状態におかれていることを表している。彼らはひとつの共同体を形成していて、もはや何ものも彼らを分離することができない。しかし、死ほど単独なものは他にない。それぞれがそれぞれの板の棺が形作る狭い枠組みの中で空間的に孤立しているのと同じように、それぞれが、ここで、時間的にはその生の放棄の中に孤立している。[2]

この写真に写っている人々はまったく孤立しているが、死によって、そして写真のなかでわたしたちの目の前にイメージとしてさらされることによって、「分離することができないひとつの共同体を形成」する。このイメージのなかで注目すべきなのは「棺が形作る狭い枠組み」である。その枠組み、その隔たりこそが分有による共同性を示している。その隔たりにおいて、人は存在や有限性を分かち合うからである。ディデリの写真のうえで繰り広げられるのは、有限である存在が有限性を分かち合う共同性なのだ。

そして、このイメージには複数の「露呈」がある。ディディ゠ユベルマンは、ディデリの写真には一二人の死が露呈されているとともに、死によって露呈される共同性が露呈されていると言う。ブランショやナンシーが、共同性とは「自らをさらしながら呈示するもの」であると述べていたことが思い返される。

死の露呈の場に、共同性の露呈がある。そして、その二つがイメージの露呈のなかであらわにされる。パリ・コミューン参加者の死体の写真には、当然イメージそのものの呈示があり、そこにさらされる者たちのなかに共同性が現出している。この写真に限ったことではないが、写真のイメージはつねに人々を露呈し、イメージはわたしたちの前に差し出される。写真はすぐれて露呈（エクスポジション）のメディアなのだ。ディデリによって撮られた写真のなかでは複数に重ね合わされた露呈が実現している。写真というイメージのあからさまな露呈と、死を露呈された人々の露呈と、そしてそれによって明かされる共同性の露呈とがそこで一致している。あるいは、写真というあらたな媒体は、そうした露呈をエクスポジションのうちに受け止めるのだ。

イメージと人々と共同性の絡み合いについて、ディディ＝ユベルマンは以下のように説明する。

ロベルト・エスポジトは、コムニタスの概念についてのすばらしい哲学研究の中で、「ムヌス」があらゆる共同体を基礎付ける相互的な贈与として重要な意味を持つことを思い出させた。そのようにして、パリ・コミューンの銃殺された人々の写真を前に、まなざしとイメージは相互の贈与を織りなしている。イメージはまなざしに歴史的材料の貴重な断片を提供し、まなざしはイメージにカメラ・オブスキュラによって捉えられた人間の側面の貴重な面を提供している。「ムヌス」が、私たちを一緒に結びつける「スペクタクル」や「機能」あるいは「義務」をも意味していることを思い起こそう。したがって、この古い概念は、見る者に対して呈示されたそれぞれのイメージの前に、ひとつの共同性の可能性そのものを巻き込ませながら、ひとつの政治的義務が問題となるということを私たちに示している。このイメージは、いわば、その共同性の感知できる形態を構成しているのである。そうであるならば、モーリス・ブランショが、歴史と政治とが係わり合う空間の中で人間の共同性を「自らをさらしながら呈示するもの」と定義できたことは何ら驚くにはあたらない。[3]

ディデリの写真は、わたしたちに対してそこに写し出された人々を見せるとともに、死によって開示される共同性をさらしている。イメージのうえで共同性が露呈されることによって、まなざしが問題となってくる。つまり、この写真に写されたパリ・コミューン参加者の共同性のみではなく、彼らとそのイメージを受けとる側の共同性、あるいはそのイメージを受けとる人々のあいだの共同性が問題となってくるのである。イメージを見ることによって、わたしたちはまなざしを共有することになるが、まなざしの共有は、「私たちに共同体の意味そのものを理解させる」[4]。そして、「現れること、すなわち共同性の分有された露呈は、私たちに根底から存在について再考することを要求する」[5]。そうすると、どのように人々を見せるのかが問われることになるだろう。

倫理的、美学的、政治的なすべての問いは、この露呈をどうするのか、それにどのような形を与えるのか——飾るのか剥き出しにするのか、社会体のスペクタクルや砦にするのか、共同体の出現と危機とするのか――、それを知ることにかかっている。[6]

ディディ゠ユベルマンは、美術や文学の領域には長い間「露呈の歴史的図式」があったことを指摘する。絵画の領域では、貧しい人々、「身体そして叫び声をともなって露呈されている人々」「分け前を持たず、名前を持たない人々」が特にルネサンス以降に見られるようになり、また、文学の領域ではボードレールやヴィクトル・ユーゴーやランボーの小説や詩のなかに「群衆」というかたちで現れてくることになる。

そうした現れの究極のかたちが、ディデリのパリ・コミューン参加者の死体の写真であったと言えるだろう。グロテスクであり、死や暴力や破壊の場面に結びつくようなモティーフを含んだ作品が、実体ではなく生起する出来事としての共同性を表明する。そういった作品においては、送り手と受け手のあいだ、あるいは受け手同士のあいだで共有するものは何もない。もはや前提も共有するものもなく、形象を通した「エクスポジション」と呼ぶべきものがある。共同性は自らを露呈させ、そこに自らを露呈させる人々のまなざしが「共同性の際限のない探求」[7]なのである。

現代アートのなかに現れる共同性

共同性はイメージのなかに露呈されている。そうであるとすれば、すでに触れたような現代アートにおける人々のイメージの呈示にも、そのような共同性を探し当てることができるのではないだろうか。まさに現代アートは、共同性という関係の場に創造行為をひきつけ、共同性が喚起される磁場を作り出しているように見える。それは特に、現代アートにおける「顔」をテーマとした表現のうちに見て取ることができる。

上述したように、現代アートにおいて人々の「顔」が独特の方法で作品のなかに現れている。ひとりの顔がひとつの枠のなかに描かれ、そしていくつもの顔が集合的に呈示されている。こうした「顔」の集合的な展示は、まさに共同性の表現なのではないか。それは、表象を持ちえない人々、表象を持ちえない共同性が、まさに枠どられた「顔」のイメージの羅列のなかに露呈されているからである。人々の「顔」、そして共同性は、見る者に対してさらされているのであり、その「顔」のエクスポジションと共同性のエクスポジションとが芸術作品そのもののエクスポジションに受け止められている。このエクスポジションの重なり合いを、いくつかの作品のなかに読み取ることができる。

まず、マルレーネ・デュマスの作品を例として見てみよう。デュマスは、一九五三年南アフリカ共和国ケープタウン生まれの画家だ。日本では二〇〇七年に「ブロークン・ホワイト」と名付けられた個展で比較的まとまったかたちでその作品が紹介された。また、二〇一五年には、ロンドンで「重荷としてのイメージ」という興味深い名前の展覧会が開かれた。デュマスが描くのは、基本的に、人だ。デュマスは、《ブラック・ドローイング》（一九九一―九二）で黒人を、《女》シリーズ（一九九二―九三）や《モデル》（一九九四）で女性を、《混血》（一九九六）で混血の子供たちを、そして《目隠し》（二〇〇一）で目隠しされた人質たちを集合的に描いている。インクやアクリル絵の具を使って制作されたこれらの作品では、それぞれの顔がほとんど同じ大きさの紙にひとつずつ描かれている。デュマスは次のように言う。

> わたしの作品の大半は個人の問題、個人が集団の一員になったときに起こる問題をあつかっています。《女》にもそれはあてはまります。ドローイングは一点ずつ独立しているし、また単独で完結してほしいと願いますが、何点かまとめると、わたしたちがそうした作品群と結ぶ関係、絵の見方にも変化が生じます。[8]

描かれた人々は単に「女」や「混血」、あるいは、「人質にされた」という程度の共通項しか持っていない。それぞれの顔が、偶然隣り合うようにしていっしょに展示されているだけだ。しかし、それぞれが単独では完結しない。単独でありつつ、お互いにわずかに結びついている。

このような人々の展示の仕方は、ディディ＝ユベルマンが論じたディデリのパリ・コミューン参加者の写真に似ていないだろうか。パリ・コミューン参加者が「それぞれの板の棺が形作る狭い枠組みの中で空間的に孤立している」のと同じように、これらの絵はそれぞれの顔がそれぞれに額に入れられて個別になっている。しかし、それはディデリの写真における棺と同じように、隣り合って並べられて、そしてわたしたちに向けられている。額は、まるでそれぞれを隔てるとともに、それぞれを結びつけているかのようである。ディデリの写真のイメージが死によって露呈される共同性の露呈であったとすれば、描かれた顔が並べられた展示もまた同じように共同性を露呈している。

もうひとつ別の例を見てみよう。一九八一年生まれのエミリー・プリンスは、二〇〇七年のヴェネチア・ビエンナーレ国際美術展で注目を浴びた。彼女が展示したのは《イラクとアフガニスタンで死んだアメリカ軍人（負傷者、イラク人、アフガニスタン人は含まない）》（二〇〇四―）である。これは、何枚もの一〇センチ程度の小さな紙片が壁に貼り付けられている作品だ。それらはランダムに貼り付けられているが、全体が地図のかたちを作っているようにも見える。ひとつひとつの紙片にはそれぞれにペンでひとつの顔が描かれ、その上に名前と出身地と死亡した日付が書き込まれている。これは、イラクとアフガニスタンで死んだアメリカ人兵士たちの肖像画なのである。この作品は人々の顔を見せているとともに、彼らの死を表したものでもある。そしてまた、この作品のタイトルから暗示されるのは、この作品には、展示されることのない顔があるということ、つまり顔も名前も分からない多数の死者がいることである。そう考えると、この作品では不在が二重になっていると言うことができるだろう。この作品を見るとき、わたしたちは死んで不在となった人々、および、不在の死者と向き合うことになるからだ。そこで展示されているのは人々の顔であるとともに、彼らの死である。

このような死をモティーフとした作品を見ることによって、わたしたちは死を受けとる。これまで見てきたように死は「私」と他者を結びつけ、死を受け止めるということのうちに、わたしたちが共にあることが示される。そう考えると、死者のイメージは、わたしたちを共同体にさらすものでありうる。絵画における死者のイメージは、わたしたちを共同性の体験へと差し向けている。

このようにして、「顔」のイメージの展示のうちに共同性の露呈を見ることができる。それぞれに独立した「顔」が集合的に呈示されることによって、それを見る者は、そこにさらされた共同性に触れる。共同性は、実体としてはありえないために、表象を持たない。そうした共同性が、イメージの展示の場において露呈されている。そして、それは、見る者がいなければ成り立たないものでもある。さらされたイメージが、イメージとそれを見る者のあいだで、そしてそれを見る者同士のあいだで分かち合われる。イメージの分かち合いがそのまま共同性の分かち合いに重なる。そのような露呈と分かち合いの場所が現代アートの作品によって作り出されている。

絵画に含まれる死

死者のイメージとは、芸術作品のイメージにとって何か本質的なものなのではないか。というのは、絵画は死に結びつけて考えられてきたものだからだ。例えば、初期ルネサンスの人文主義者レオン・バッティスタ・アルベルティは、絵画によって死んだ人を永続化させることができると考えていた。アルベルティは『絵画論』のなかで以下のように述べている。

絵画は、友情がそうであると同様、不在の人を出現させるばかりでなく、死んだ人を、ほとんど生きているかのようにする神のような力をもっている。それ故、芸術家に対する絶大な賞讃と憧れとを以て、その人々は幾世紀後の時代においてでも認められるのである。（中略）このように、すでに死んでしまった人々の顔が、絵画によって確かに長い生命を保つのである[9]。

さらにアルベルティは「絵画は死すべきものである人間にとっては、最も大きな賜物[10]」であると述べる。死すべき人を永続化させることが絵画の持つ力だと考えられていたのである。また、絵画というものが、人に見られることに意味を持っていたという点も重要である。絵画は描かれ、かつ、後の人々に見られ、共有されることによって、死すべき人間の永続化をなし遂げる。

このことを表すひとつの例として、ボッティチェルリの《東方三博士の礼拝》（一四七五頃）を挙げることができる。《東方三博士の礼拝》の場面のなかに、当時存命中だったロレンツォ・デ・メディチと弟ジュリアーノといっしょに、すでに故人となっていたコジモ・イル・ヴェッキオとピエーロ・デ・メディチが描かれている。ひとつの場面のなかに、生者と死者が混在している。「こうした表現法がとられた理由は、ルネサンス肖像画の役割が最初から記念的だったことにある。つまり肖像は、生者がもはや生きていない将来へ意識的に向けられたものだったのである[11]」。

絵画と死の結びつきは、絵画の起源のエピソードにまで遡ることができる。前述した、古代ローマ時代に書かれた大プリニウスの『博物誌』のなかに出てくるエピソードだ。ある少女が遠くへ行ってしまう青年の姿をとどめておくために、ランプに照らされて壁に映し出された青年の顔の影をなぞった。壁にはそのなぞられた跡が残った。そして、少女の父親は、そこから浮き彫りを作り出した。こうして最初の絵画、最初の肖像が生まれたとされている。このエピソードが物語るのは、人は影に誘われてイメージを得たということであり、そして、イメージの作成には不在がかかわっていたということだ。絵画の起源には、影と不在とが横たわっている。

そして、古代ローマで作られていた肖像イマギネスもまた、死者の肖像だった。絵画のはじまりのエピソード、イマギネス、そして現代アートの作品に至るまで、イメージには死がかかわっている。表象すなわち「再－現前」が不在を前提としているため、絶対的不在である死と表象とは、多かれ少なかれかかわってくるものだということは考えられる。表象されたイメージが「失われた人物を複製」したり、アルベルティの言ったように「死んでしまった人々の顔が、絵画によって長い生命を保つ」。

しかし、そのような死者の面影の保存とは、いったい何を意味しているのだろうか。絵画は死者のイメージを描き出し保存する。だが、それは単に保存するだけではなく、やはり絵画はそれが他の誰かに見られることによって意味を持ってくる。つまり、描くということだけではなく、死者や死を誰かに対して呈示することによって絵画は意味を持つのである。それは、表象されたイメージがそれを見るわたしたちに他者の死を受け渡す場所となっているということだ。ここにおいて、イメージは表象というよりも呈示であり、露呈である。

表象されたイメージが死を潜在させ、そのイメージを介してわたしたちは死を感じとるということ、これが表象されたイメージと共同性との接点である。絵画がその起源からして誰かの不在をテーマとしていたとすれば死者の肖像を描いた作品がたまたま共同性を想起させるのではなく、絵画はつねに共同性へとわたしたちを差し向けていると言うことができる。イメージはイメージそのものと死をわたしたちにさらし、それを受け止めるわたしたちはその共同性にさらされる。芸術作品の「エクスポジション」の場で、イメージが呈示され、死が露呈され、共同性が露呈されるのである。

不在の現前

イメージを語るとき、いつもまなざしの問題がつきまとっていた。あらためてまなざしについて考えてみるとすれば、それは、表象されたイメージと共同性とが重なり合う場所だと言えるのではないか。

共同性の思想家ジャン＝リュック・ナンシーは、一冊の本を「肖像のまなざし」の考察に捧げている。古代ローマのイマギネスにまでその起源を遡ることができる肖像だが、それは単に死者の追憶のためや栄誉を刻印するためだけに作られてきたのではない。肖像は、それとは別の作用をもたらす。肖像の「まなざし」において、何かが生じる。ナンシーの肖像論はそのことを解き明かしている。

ナンシーの肖像論について考えるにあたって、まずはナンシーが表象や絵画をどのようなものとして考えているのかを確認しておこう。表象について、ナンシーは次のように定義する。

表象はその正確な意味、その第一の意味（哲学的にも芸術的にも）を見出すことができる。それは、ひとつの「観点」という限界の枠に従った再生産のことではなく、存在へと出来させるひとつの行為であり、この場への呈示なのである。[12]

「再－現前」という意味が与えられてきた表象は、ナンシーによって「現前」としてとらえなおされる。

ハイデガーは、その「世界像」論のなかで、表象することによって人が「主体」になるということを語っていた。人は、表象することで、「主体」たりうる。ところが、ナンシーは、わたしたちの表象しようとする意志、あるいはわたしたちの表象する能力とは何の関係もなしに、イメージは「現前するもの」としてありうるのだ、と言う。つまり、わたしたちが何かを表象の対象にしたり、何かを再現したりする、そのことによって表象されたイメージができるというものではなく、イメージは自ら現前してくるのだ。

じつはこのことは、神を想定することのできなくなった時代から生じたものだ。造物主という超越的なものを背後に想定することができなくなったとき、イメージは「現前」してくる。

では、そこに現前してくるものは、何なのだろうか。ナンシーはこう言う。「それはじつのところ、ただ単なる現前にとっては不在である何かを、そのものとしてのその存在を、あるいはさらにその意味を、あるいは真理を、現前化するのである」。いまここにはないもの、不在のものを再現することが表象として考えられてきたが、そうではなく、むしろ、その不在そのものが、現前する。

ルネサンス以来、次第に、そしてルネサンスにおいてすべてを紛糾のうちに巻き込みながら、「芸術」と呼ばれることになるものにおいては、（視覚的、聴覚的）イメージを制作しながらも、偶像の製造とはまったく逆のもの、また感覚的なものへの貧弱化とはまったく逆のものが、つねに賭けられていたのだということに変わりはない。そこで問われているのは、濃密で同語反復的な、拝跪の対象となる現前ではなく、「芸術」作品なるものの与件自体――それは感性的なものだが――において開かれた不在の現前化である。そしてこの現前化がフランス語では表象と呼ばれるのである。[13]

不在そのものの現前。ナンシーによってもたらされたこの表象の新たな定義はいったい、何を切り開くのだろうか。ナンシーは、それを肖像論として展開していく。

肖像のまなざし

肖像とは何か。

肖像は、別離や死といった不在に際して、その人の面影をとどめるためにつくられる。肖像は、不在者の現前であり、不在《イン・アブセンティア》における現前である。それゆえこの現前は、顔だちを再生しようとするだけでなく、不在者としての現前を現前化させること――すなわち、想起させる（さらには祈念する）こと――や、また、この現前がとどまっている退隠を露呈させ、顕わにすることをも担っている。[14]

そのようにして肖像は、わたしたちに、いなくなってしまった人の不在を差し向け、そのような不在としてのみかれらをわたしたちのもとに立ち戻らせる。そうであるとすれば、絵画のはじまりのエピソードは、次にように読み取られる。

絵画が自らの起源に関して作り上げた伝説――少女が戦争に赴く婚約者の影を壁になぞったというギリシアの物語――は、表象＝再現前の譬え話として理解されてはならない。この少女は、もはやそこにいない人物の像《イメージ》を思い出す〔remémorer〕ために、それを複製しようとしたのではない。そうではなく彼女は影を、光がそこにあったときからすでにそこにある冥暗なる現前を、すなわち物の――あらゆる事物の――分身とその不可視の根底を、固定しているのである。この根底を、絵画は可視化するのではなく、不可視なまま明るみに出し、不可視なまま色素とその輝かしい装飾の折り合わせのうちへともたらし、そして運び去る。しかし、このようにして、絵画は表象＝再現前の真理をもたらす。というのも、表象＝再現前が「複製」であるのは、それがまずもって、その本質的動向において、また「表象＝再現前」という語の第一義において、現前性のうちに置くこと、すなわち、白日にさらされる以前の現前性を白日のもとへともたらそうとする欲望における、現前化の強度にほかならないからである。[15]

不在は、絵画のはじまりから、そこに含み込まれていたのだ。こうしたナンシーの考えは、ブランショのそれと一致している。ブランショはこう言っていた。

肖像は、このことが少しずつ分かってきたが、それが顔に似せられているから類似しているのではない。そうではなく、類似は肖像とともに始まるのであり、肖像においてこそ存在する。そこにおいてのみ、類似は肖像の作品となり、肖像の栄光あるいはその不名誉となるのである。類似は作品の成り立つ条件に結びついていて、そこには顔が存在しないということ、顔は不在であるということ、顔はまさに類似という不在から出現するということを示している。そして、この不在とは、世界が遠ざかりこの隔たりとこの遠ざかりしか残っていないときに時間が自らをとらえる形でもある。[16]

ブランショが語っていた、肖像における類似。それが、まさに不在のことなのだ。このことを、すでにブランショは別のところで「遺骸的類似」と表現していた。「生者それ自身でもなければ、何等かの実在性でもなく、かつて生きてあった者と同一の者でもなく、ひとりの他者でもなく、別の物でもない」[17]、そうしたものである遺骸は、死者自身に似はじめると言い、不在と類似とが同じものであるとブランショは言う。だから、そこに描かれた人とどれだけ似ているかが問題となるのではなく、肖像が不在をあからさまにすること、それが問題となるのだ。

肖像には誰かの不在が露呈されている。しかし、その誰かは不在である以上、その不在はその人自身のものではない。むしろ、その不在は、それを受けとるわたしたちのものである。だから、不在は必然的にわたしたちの方へと降りかかる。だからこそ、わたしたちが肖像を見つめるとき、そこに生じるのは、誰かの不在を受けとるわたしたち自身の露呈だ。

肖像の眼差しは何ものもまなざさず、無をまなざしている。肖像の眼差しはいかなる対象をもめざさず、主体の不在に潜りこむ（私のものである不在、彼のものである不在、つまり、定義からいって、共同のものでもあるが分割されてもいる、われわれの不在[18]）。

肖像は私をまなざし、私は肖像をまなざす。そこには不在がある。肖像が明らかにする不在は、不在の人と「私」とを結びつける唯一のものだ。だから、それは、「彼」と「私」を隔てるものでありながら、同時に、「彼」と「私」を結びつける、共同のものなのだ。そして、その不在は「私」を主体として呼び出す。「私」は肖像を見つめることによって、つまり不在を見つめることによって、主体として召喚される。

再度ハイデガーの表象論との比較をしてみるならば、ハイデガーにおいては、表象するという行為によって人は主体になるのだった。人は表象する能力のうちに、主体として成立する。それに対して、ナンシーは、表象のうちにある不在が人を主体として呼び起こすものであることを明らかにした。主体は、不在という空洞から受動的に呼び起こされるものにほかならない。

主体が下に－投げだされてあること〔sub-jectité〕、自己の－下に－あること〔être-sous-soi〕、自己の内－に－あること〔être-au-dedans〕、したがって主体が自己の外に、背後に、前方にあること——これが主体の構造であり、主体の外－措定〔ex-position〕である。「自我」の「除幕」は、この露呈《エクスポジシオン》を作品化し現実化することでしか生じない。かくして、描くこと、形象化することは、複写することでもなければ、開示することですらなく、主体としての露呈〔ex-posé-sujet〕を生－産〔pro-duire〕することである。ここでいう生－産とは、前方に導くこと、外へ引きだすことにほかならない。[19]

もはやこれを「主体」と呼んでいいのかわからないが、主体は「自己の外」にある。それを「脱自」と言い換えることができる。それは、ナンシーが「共存在」という言葉で指し示していた存在にほかならない。分断されて独立して存在する「主体」ではなく、つねに複数として存在する「特異的存在」である。こうして肖像において、「共存在」としてのわたしたちが見出される。

わたしたちが肖像を見つめ、肖像がわたしたちを見つめる。このまなざしの共有が、わたしたちを「共に」あらしめている。まなざしのうちに、共にあることが喚起されるのだ。肖像のまなざしはわたしたちを「主体」の外に露呈させ、まさにそこに、生きられる共同性が生起する。死が共同性を露わにするものであることを確認してきたが、死を含み込むイメージもまた共同性を露呈する。死の場面でわたしたちが共同性にさらされるのと同じように、イメージの前でわたしたちは共同性にさらされるのである。

絵画と生

絵画とは「開かれた窓」である。アルベルティは『絵画論』のなかでこのように表現した。アルベルティは、絵画が「開かれた窓」を通して世界を透明に表象するものであると考えたのだ。[20]「画家はひたすら見えるものを描くことにたずさわっていればいい」[21]。

アルベルティは、ひとつの認識のモデル、ひとつの視覚の制度、ひとつの表象の仕組みとしての遠近法（透視図法）の理論を確立させた。この仕組みは、それが習慣によって作られた象徴形式にほかならないとパノフスキーに指摘されるまでの長いあいだ、当然のものとして受け入れられ続けることになる。こうした遠近法、そして「画家はひたすら見えるものを描くことにたずさわっていればいい」という考えは、絵画が死や不在を予期し、それを含み込んでいるものだとする考え方とは一見矛盾するように見える。こうした矛盾が生じるのはなぜなのか。それは、絵画が死や不在と切り離せないものである一方で、それが目に見えるものでしかないからだ。

絵画は、見えるものと見えないもの、表象されるものと表象されないもの、現前と不在とのせめぎ合いのなかにある。不在を見せながら現前するような、現前と不在のあいだにあるもの。描かれた作品という虚構でありながら、わたしたちの目の前に物質的に現実的に存在するもの。そして、目に見えるものでありながら見えないものを含み込んでいる、見えるものと見えないものとのあいだにあるもの。

絵画は、わたしたちの目に見える状態として、何らかの構造としてしかわたしたちに差し向けられないにもかかわらず、出来事でもある。それは、描くという行為や制作するという行為が必然的に出来事に属し、そしてまた、絵画を見るという行為も、経験されるべき出来事だからだ。そうすると、絵画は、一方では構造であり、他方では出来事だということになる。絵画は構造と出来事の狭間にあり、構造と出来事の境界から現れたものであると言うことができるだろう。

したがって、絵画とは、現前と不在、現実と虚構、可視と不可視、出来事と構造とを媒介するものであり、その境界にあるものと考えられる。例えば、絵画が不可視と可視の媒介であるといっても、不可視のものはどのようにしても目には見えない。見えないものは、それが見えないものだということが指し示されるだけである。また、絵画によって描かれる痕跡は、ネガティヴな方法で何かの存在を示す。直接的に存在を明示するのではなく、「ないこと」、「無」によって「かつてあったこと」あるいは「あったかもしれない可能性」を示しているのだ。表現しようのないものを表現しようとするとき、輪廓をなぞるようにしか表現できないとき、絵画が表現するのは、その表現が不可能であるということのみになるのかもしれない。

しかし、表現がそのように「不可能なもの」であったとしても、それは何も表現できないということではない。そこには必ず何らかの痕跡、絵画を描いたという出来事の痕跡が残る。そこには表象の意志と表象の挫折がある。表象の領域に引きずり出された表象不可能性についての表現であったり、可視化を試みられた不可視性に関する表現であったり、そしてその試みそのものであったりする。それこそが、絵画として描き出されたものなのだ。ということは、構造のなかに出来事が入り込むというそのこと自体が絵画として現れるということになる。

絵画における出来事とは何だろうか。それは、描くという行為から見れば、「存在するもの」として現れ出ること、つまり、何らかのかたちを取った「個」として出現することである。この「現れ出る」という出来事は、「個」として「存在するもの」が出現する源である「存在」そのものを喚起させる。現勢化した「個」の出現の源に、潜勢的なものがある。そのように考えると、絵画とは「存在するもの」と「存在」のあいだにあるものであると言うことができる。絵画がそのようなものであるとすれば、そのあり方を別様に照らし出すのが、ゾーエーとビオスの関係である。

ギリシア語のゾーエーとビオスはどちらも「生」を表す言葉である。ゾーエーは人が生きて経験する生や「生の原理」のことであり、ビオスは、個として形作られた、生の対他的・外的な「現れ」としての生である。わたしたちの目に見える生は必ず個、つまりビオスとして現れる。ゾーエーは原理なので不可視の生であり、ビオスは生の現れなので個体化され可視化された生である。したがって、ゾーエーは個別のものではなく連続した生（生命）を指しているのに対して、限定的に個別性が現れてくるのがビオスである。

このようなゾーエーとビオスのあり方を、絵画のあり方に照らし合わせて考えてみよう。絵画が目に見える「存在するもの」の出現をとらえる出来事だとしたら、それは、ビオスという個別の生がゾーエーを引きずりつつ現れ出る瞬間に似ていないだろうか。絵画は何らかのかたちを取るので、個別性の現れである。だが、しかし、それと同時に、個別性が現れる以前の状態をも示唆している。絵画において「見えるもの」と「見えないもの」とのせめぎ合い、構造化や形象化とそれに汲み尽くされないものとのせめぎ合いが、ひとつの絵画として現れてくるのであるとすれば、それは、ゾーエーでありビオスであるわたしたちの生のフィールドに非常によく似ている。

そしてまた、ゾーエーとビオスをあわせ持つものとして成り立っている人間の生のフィールドは、それを受けとる人に向けて、すなわち他者に向けて開かれた基盤である。人間の生は、ゾーエーとビオスの両方を保ち続けながら、他者に向けられている。そのあり方も、絵画のあり方と似ている。絵画も同じように、つねに見えるものと見えないものとを同時にさらしながら、それを見る者に、すなわち他者に向けられている。絵画は、つねにそれを見るものに対して向けられているし、わたしたちの生もつねにそれを受けとる人に向けられているのだ。

人間の生が他者へと向けられていて、他者によって受けとられるものであるということ、それがわたしたちの共同性の契機である。そのこと自体に、すでに共同性は示されている。そこには他者が想定されている。他者なしには生が成り立たないというそのこと自体が共同性なのだ。

現代において絵画を「見ること」は、もはや権力の問題ではなく、共同性の問題である。それは、見ることが共同性を前提としているからである。絵画は見られることを前提としており、受け止められることによってはじめて成り立つ。絵画は「見られるもの」であり、それを見る人に「見る」ことを要求する。絵画を見る人にとって、それを「見る」ことには絶対的な受動性がある。そして、そのようにして絵画を見ることは、わたしたちが何ものかとして呼び出されるきっかけとなる。このことは「私」と「他者」との関係と同じである。「私」はつねに「他者」に向けられていて、「他者」によって受け止められることによって成り立つ。この関係性と同じことが、「私」と絵画とのあいだには存在している。絵画は、この関係性、すなわち共同性について提示をしているようにも見える。構造と出来事とのあいだにある絵画と、ゾーエー、ビオスからなる人間の生のあり方が類似しているものだと考えられるとするならば、絵画とは、実は、新しい来るべき共同体を模索する作業であるということができるのかもしれない。

結び——共同性の経験として現れる美的経験

美術館のなかで人々の視線にさらされる作品、人の「顔」を無防備に露呈する作品、屋外で野ざらしにされる作品、時間にさらされ絶え間ない変化に委ねられた作品、物質性を露わにする作品、あるいは鑑賞者の方を無防備にさらけ出す作品。現代アートはいま、「エクスポジション」として自らを現しはじめている。

作品を「展示」するということは近代において特徴的な美術の展示の仕方だ。だが、あるときから、「エクスポジション」は作品の制作そのもののうちに取り込まれていったようだ。この「エクスポジション」というのは、単に芸術作品を展示する場を意味するのではない。それは、芸術作品を成り立たせる重要な契機となっている。作品は、展覧会で「展示される」というだけではなく、自らが何かを露呈し呈示するものになっているのだ。そのことは、現代の芸術作品の重要な特徴になっているように見える。現代の芸術作品は、何かを表現したり、何かを表象したり代理したりしているから作品として成り立っているのではない。そうではなく、何かを露呈し呈示することによって、作品たりえているのだ。

だが、何が露呈され、呈示されていると言うのだろう。現代の芸術作品が露呈しているもの、それは、表象されえないものである。表象されえず、まさに呈示されるよりほかないものが、呈示されている。表象しえないものとは、見えない記憶であったり、何かが起きて消えていくという出来事であったり、存在の痕跡であったりする。つまり、何かに置き換えることが不可能なものだ。そういった表象不可能なものを現代の芸術作品がさらし出す。表象が、もはや、美的経験の支えとなりえない時代に、芸術作品は、美的経験の質を変えながら、表象から「エクスポジション」へと変化していったのだ。いま、「エクスポジション」は芸術行為に取り込まれ、そして、芸術にとって根本的な意味を持ちはじめている。

芸術の「表象」から「エクスポジション」への変化をどのように理解したらいいのか。「表象」から「エクスポジション」へ移行したのはなぜだったのか。このことを探っていくと、現代の共同体論の展開と、現代アートの展開の相互に絡み合う深い関係が見えてくる。わたしたちは、現代における共同性についての思考と、「展示」され自らを「呈示」する現代アートの関係に注目した。

そもそも、芸術作品と共同性は切り離して考えうるものではない。作品が何かの「表象」であるにしても、何かの「エクスポジション」であるにしても、それはつねに共同性とかかわり合ってきた。なぜなら、イメージは「見られるもの」であり、どのように現れているにせよ、芸術作品はつねに「見られること」を前提として作られてきたからだ。最初の絵画と考えられているラスコーの洞窟の壁画、教会の壁に描かれた聖書の場面、人の肖像、歴史画、美術館に展示される絵画、美術館に収まりきらないような現代アートの作品、そして匿名的に路上の壁に描かれるストリート・アート。どのような形態の作品であれ、人の目に触れることが重要であり、誰かに見られることによって作品として成立する。作品は、つねに他者を前提としている。

また、イメージは、言葉と同じように、コミュニケーションの基本的な媒体であり、共同性を本質的に含み込んでいる。イメージはつねに、わたしたちに見られ、わたしたちのあいだで分かち合われる。イメージは、見ることを通して、人々を結びつけてきた。イメージは、人間が複数で存在しているということ、つまり人間が共同存在であることを目に見えるものにする。人々のあいだにイメージが差し出されることで、「共に在ること」は実現された。つまり、イメージは、分かち合いを引き起こすものとして機能してきたのである。だから、芸術作品は根本的に共同的なものであり、人が共同であることに対して働きかける何かなのである。

芸術作品がこのようなものであるために、それは多くの場合、権力の問題を孕む「政治的なもの」として機能してきた。作品として何かを表象するということが、政治的に作用してきたのである。その作用は、「見ること」と「見せること」のなかで働いてきた。表象は、不在のものや死者を代理する作用と、力や権利を提示する作用を持つが、その二つの作用を織り交ぜることによって、「政治的なもの」として機能してきたのである。それは原初のイメージと考えられる古代ローマの肖像イマギネスのときからすでにそうであり、皇帝の肖像、キリスト教の聖人像、そしてルネサンス期に現れたふつうの人々の群像といった表象は、いまそこにいない人を表しつつ、そこに力を呈示してきたのである。そして、近代の政治空間のなかでも、人々はイメージを共有することによって、政治的共同体を成り立たせてきた。目に見えないものである「国家」は、イメージの力を借りて実現されてきた。イメージは権力の目に見えるかたちであるとともに、人々が経験を共有するための軸だったのである。

だが、権力を支え政治空間を支えてきたイメージは、近代の政治権力が生を管理する統治の形態である「生政治」へと突き進んでいったそのときに、そのあり方を変えていくことになった。ジョルジョ・アガンベンが「近代の政治空間の隠れた範例」であると指摘した、絶滅強制収容所が出現したときである。絶滅強制収容所で、人は、あらゆる主体の可能性から引き離され、単なる生きものとして、権力に対して、あるいは、剝き出しで死に対してさらされる。つまり、人は、いかなる表象も持ちえず、いかなる主体としても成立しえない状態に置かれたのである。「生政治」の究極的な実現は、人を死に対してさらしながら、主体という権能を剝奪するものだった。

絶滅強制収容所において、人間は「主体」を解体される空間を経験したのだが、同時にそれは、想像することも語ることもできない出来事であったために、表象が可能なのかどうかが根本的に問い直された場所でもあった。そして、表象の不可能性にさらされたイメージは、表象されるものでもなく、ただ呈示され露呈される「エクスポジション」へと変わっていく。絶滅強制収容所の出現は、一方で人をただ「さらされる」というあり方でしか存在しえないものに変えてしまい、もう一方では表象されえないものがあることを明らかにした出来事であった。そして、表象されることのない何ものかが、ただ露されるようになったのである。そのようにして、表象が不可能になったまさにその場所で「エクスポジション」が前へと出てくる。

そして、この人間のあり方を根本的に変えてしまった出来事は、共同体についての想定を変えることにもなった。このとき、表象可能な共同体や、人間が表象の主体であるような状況は決定的な試練にさらされたのだ。表象可能な主体による、表象可能な共同体が、もはやありえないものとなったからだ。共同体が不可能性なものであることが明らかになったときに、あらためて共同性が問い直される。そして、まさにその不可能性のうちに、人が根本的に「共に在る」ということが見出された。人が「個」ではなく、自らを表象することもできず、ただ存在を分かち合うものでしかないことが示され、人間の根本的な共同性にたどり着いたのだ。

マルティン・ハイデガーが人間存在を「主体」ではなく「共存在」として思考したことを契機として新たに展開された現代の共同体論では、「主体」によって作られるべき共同体、あるいは理想や目的として構築されるべき共同体ではなく、存在の前提としてすでにある共同性が明らかにされた。つまり、「主体」を前提として作り上げられる共同体が破綻したそのときに、その「不可能性」の経験をベースにして、現代の共同体論が展開されていったのである。わたしたちは、「個」や「主体」である前に、必然的に「共存在」である。必ず、他者と「共に」存在するということだ。「共存在」としての人は、お互いに対して露呈していて、その露呈こそが共同性を要請し、それを生起させるということが明らかにされた。

ハイデガー以降の現代の共同体論で確認されたのは、「共存在」としての人間のあり方であり、わたしたちが受動的にさらされている根本的な共同性だった。そして、その共同性のあり方は、「表象の不可能性」の後に試みられてきた芸術の営みを照らし出すことになる。これは偶然ではない。芸術と共同性とがつねに絡み合ってきたものであることを考えれば、この二つが呼応し合うのは当然のことだろう。共同体論という哲学的な探求と、芸術作品のあり方の変化は、絡み合って進んできたのであり、イメージの表象から「エクスポジション」への変容は、共同性についての思考の変容と密接に、そして必然的に結びついている。

絶滅強制収容所という歴史的体験のあとに、「主体」の能力である表象が崩壊し、芸術は「主体」の解体から成り立つような無為のものとして現れはじめ、同じように共同性も実体として成り立たない、無為の営みとして現れてきた。共同存在としての人間、そして芸術作品は、単に露呈しかされないものとして、つまり「エクスポジション」として自らを示している。この「エクスポジション」が、現代における人間のあり方であるとともに、芸術作品のあり方なのである。

芸術作品はつねに「見られること」を前提としてきたし、「見られること」によって成り立ってきた。そのような作品のあり方は、「共存在」としての人間のあり方に対応している。人はつねに他者へと向けられていて、存在は他者によって受け止められることによって成り立つ。それは、共同性の契機そのものである。存在することのうちにすでに他者が想定されていて、他者なしには人の存在は成り立たないということのうちに、共同性が示されているのだ。このような人間の存在の仕方と同じように、芸術作品はいつもそれを見る者に向けられている。そして、それが誰かによって受け止められるとき、そこには共同性が成立するのだ。現代において、作品を「見ること」は、もはや権力の問題ではなく、わたしたちの存在の根底に横たわる共同性にかかわるものである。芸術作品は、見る者に対して開かれていて、共同性に対して開かれている。「エクスポジション」としての現代アートは、作品を「呈示」し、そこに共同性を生起させると同時に「露呈」させる。作品そのものの「呈示」を通して、わたしたちを共同性にさらしているのである。不可能な共同性が露呈されること、かつ、わたしたちがそれを見て受けとるという関係のなかで、共同性はそれと名指されることなく生きられている。

これまで、政治と芸術の問題系のなかで考えられてきたのは、政治による芸術の利用であったり、政治による芸術的価値の基礎づけであったり、政治についての美的な構想であったりした。だが、現代の芸術について考えてみると、そうした問題系を超えて、あるいはその手前に、芸術と共同性の結びつきを見ることができるのではないか。本書では、それを検討するために、芸術作品が表象から「エクスポジション」へと変化していった経緯をたどり、ジャン゠リュック・ナンシー、ジョルジョ・アガンベン、ロベルト・エスポジトの提示する共同性の理論を参照しながら、現代の共同体論の展開と、現代アートの相互に絡み合う深い関係を照らし出すことを試みた。現代の共同体論をたどり直していくことで、「エクスポジション」の意味が存在論的に引き出され、それが現代アートの本質的な特徴と一致していることを示したのである。そうすることによって、現代アートがわたしたちに呈示しているものと現代の共同体論を単に照応するということではなく、共同性に関する哲学的思考が、イメージが生起させる根源的な共同性と切り離しえないことを明らかにした。芸術と共同性とはいつの時代においてもつねにかかわり合ってきたものだが、現代において美的経験は明らかに共同性の経験として現れている。

あとがき

わたしは、もともと、ジョルジョ・アガンベン言うところの「なんであれかまわないものたちの共同体」に深い関心を持っていた。一般的に「共同体」と言うとき、どうしても属性を求めてしまう。何らかの属性を持っているから、ある共同体に帰属すると考えられている。例えば、日本人という属性を持っているから日本という共同体に属している、ある宗教を信じているからその宗教の共同体に属している、といったことだ。だが、アガンベンは、そのような属性にまったく無頓着な、どのような属性であれかまわない、誰であってもかまわない、誰であってもいいから共にあることのできる共同体、むしろ属性を問われないからこそ共にあることのできる共同体を提示してみせた。

その共同体とも言えない共同体を、グローバリゼーションによっていわゆる「政治」が変容し、国家のあり方が変化した現在に見出すことができるのではないか、今であれば、あらたな、あるいは原初の共同性について考えることができるのではないかとぼんやりと考えていた。

その一方で、わたしは長いあいだにわたってアートフリークだった。いつからか、わたしは、イメージの芸術にとりつかれ、アートを見るために右往左往し、散財し、多くの時間を費やしていた。作品に向き合うこと、それはわたしにいつも大きな喜びを与えた。ただ、そのことがすぐに研究に結びついたわけではなく、浴びるように絵画を見ること、インスタレーションの中に身を置くこと、心躍る展覧会を見ること、アートシーンのなかを駆けずり回ること、そういう贅沢な経験をわたしはただただ堪能していた。

この本では、アンゼルム・キーファーの《地の塩》という作品の記述からはじめた。二〇一一年、ほとんど偶然にたどり着いたヴェネチアで、この作品に出会った。暑い夏の日、石造りの「塩の館」と名づけられた倉庫のなかはひんやりとしていた。錆びたような大きな板が何枚も吊り下がっている。わたしはこうした作品をひそかに「廃材系アート」と呼んでいたが、その「廃材系アート」はうっすらと光を放っていた。この「イメージ」か何か分からないものを見て、見るというより、そのけったいな板にはさまれ、不可解な感覚がわたしの身を包んだ。それは、物質に、色に、素材に、あるいは変質した空気に直接触れるとか、じかにさらされるような体験だった。わたしは、この不思議な「美的体験」にたどり着き、この「美的体験」がその後数年間の道筋を決めることとなった。

そして、そのときに、この「美的体験」が、現代のわたしたちの共同性の意識のあり方に、どこかで結びついているのではないかと思いついた。いつからか作品は、表象であることをやめてしまって、単に何かをさらし出すだけになってしまったように見える。そのさらされたものを見るという「美的体験」は、まさに現代の共同体論が共同存在としての人間について展開していること——つまり、共同体なき共同性、単に露呈を分有するものとしての共同性といったこと——と呼応しているのではないか。と言うより、現代アートは、わたしたちがそれと知らずに生きている共同性を露わにしているのではないか。

考えてみれば、芸術はずっと以前から共同体と不可分なものであることは明らかだ。そうであるとしたら、現代の哲学的共同体論がわたしたちの存在の様態について明らかにすることが、変容する現代アートのあり方と呼応するというのも、十分にありうることなのではないか。

そこで、わたしは、現代アートの体験を、共同性についての思考の観点から考えてみることができるのではないかと考えはじめた。この思いつきは、エクスポジション、さらされることをキータームとして展開された。作品も、わたしたちも、さらされている。そういえば、「地の塩」というのは、聖書のなかに出てくる言葉で、イエスが目の前に集まった信者たちのことを指して言ったものだ。あなたたちは地の塩だ、と。地の塩、たぶんそれは、ふつうの人々のことだ。キーファーが展示し、空気にさらし、変化にさらしているこの《地の塩》という作品は、ふつうの人々、つまりはわたしたちのあり方を示唆しているのではないか。人も作品も、表象といったものではなく、単にさらされるものになっている……この本に書いたすべては、この思いつきに端を発している。

本書は、二〇一四年に提出した博士論文の一部をもとにしたものである。突発的で突拍子もない思いつきは、当然わたしの手に負えるものではなかった。それにもかかわらず、この思考を文章にまとめ上げることができたのは、指導教官の西谷修先生のおかげだ。尊敬する西谷先生のもとで論文を書き上げることができたのは、望外の幸せだった。感謝申し上げます。論文を書き終えたとき、これからどうしたいのかを聞かれ、本来ならば今後の研究をどう進めるのかを答えるべきところ、「アートフリークとして幸せに生きていきたいです」と言ったわたしを、西谷先生は笑いながら理解してくださった。

それから、わたしのはてしないアートの旅につきあってくれた友人たちにもお礼を申し上げます。

菅　香子

注

序

1 Georges Didi-Huberman, *L'œil de l'histoire : Tome 4, Peuples exposés, peuples figurants*, Paris : Les Éditions de Minuit, 2012

[第Ⅰ章]

1 プリニウス『プリニウスの博物誌3』中野定雄・中野里美・中野美代訳、雄山閣出版、一九八六年、第三五巻五、一四〇九頁

2 ヴィクトル・ストイキツァ『影の歴史』岡田温司・西田兼訳、平凡社、二〇〇八年、五頁［Victor I. Stoichita, *A Short History of the Shadow*, Reaktion Books, 1997, p.7］

3 プリニウス、前掲書、第三五巻四三、一四三八―一四三九頁

4 ストイキツァ、前掲書、二一頁［Victor I. Stoichita, op.cit., pp.18-19］

5 プリニウス、前掲書、第三五巻二、一四〇七頁

6 階級はパトリキ（貴族）とプレブス（平民）に分類されていたが、身分闘争の後、プレブスが公官吏職に就くことができるようになった。そのような官吏職に就いたプレブスがノビレス（新貴族）と呼ばれる。

7 水野千依『イメージの地層――ルネサンスの図像文化における奇跡・分身・予言』名古屋大学出版会、二〇一一年、二二九頁

8 ポリュビオス『歴史2』城江良和訳、京都大学学術出版会、二〇〇七年、三六〇―三六一頁

9 ルイ・マラン『王の肖像――権力と表象の歴史的哲学的考察』渡辺香根夫訳、法政大学出版局、二〇〇二年、四―

五頁［Louis Marin, *le portrait du roi*, Paris : Les Éditions de Minuit, 1981, pp.9-10］

10 同書、五―六頁［ibid., pp.10-11］

11 水野千依、前掲書、二二八―二三二頁

12 ジョン・ポープ゠ヘネシー『ルネサンスの肖像画』中江彬・兼重護・山田義顕訳、中央公論美術出版、二〇〇二年、二三二頁［John Pope-Hennessy, *The portrait in the Renaissance*, Princeton University Press, 1979, p.257］

13 アビ・ヴァールブルク『ヴァールブルク著作集2　フィレンツェ市民文化における古典世界』伊藤博明監訳、ありな書房、二〇〇四年、六九―七四頁

14 同書、六九頁

15 ポープ゠ヘネシー、前掲書、一八頁［Pope-Hennessy, op.cit., p.19］

16 ツヴェタン・トドロフ『個の礼讃――ルネサンス期フランドルの肖像画』岡田温司・大塚直子訳、白水社、二〇〇二年、一一一頁［Tzvetan Todorov, *Éloge de l'individu : essai sur la peinture flamande de la Renaissance*, op.cit., p.87］

17 Georges Didi-Huberman, *L'œil de l'histoire : Tome 4, Peuples exposés, peuples figurants*, Paris : Les Éditions de Minuit, 2012, p.115

18 Ibid., p.57

19 ジョルジョ・アガンベン『人権の彼方に――政治哲学ノート』高桑和巳訳、以文社、二〇〇〇年、三五頁［Giorgio Agamben, *Moyens sans fins : Notes sur la politique*, Bibliothèque Rivages, 1995, p.39］

20 ジャック・ランシエール『不和あるいは了解なき了解――政治の哲学は可能か』松葉祥一・大森秀臣・藤江成夫訳、インスクリプト、二〇〇五年、三四頁［Jacques Rancière, *La mésentente : politique et philosophie*, Paris : Galilée, 1995, p.31］

21 Didi-Huberman, *Peuples exposés, peuples figurants*, op.cit., p.116

22 Ibid., p.118

23 石鍋真澄『フィレンツェの世紀――ルネサンス美術とパトロンの物語』平凡社、二〇一三年、四四頁

24 キアーラ・フルゴーニ『イタリア・ルネサンスの巨匠たち6　ロレンツェッティ兄弟』谷古宇尚訳、東京書籍、一九九四年、六三―六八頁。二四人というのは、一二三六年から一二七〇年まで続いた「エレット・コンチストーロ」（選ばれた会議）と呼ばれる委員会を構成した人々の人数であるという。その委員会には「populus 市民」が参加していた。「このフレスコ画のように、宣伝道具として過去のものを描くことは、現在の状況を確かなものにしうるよう、伝統と歴史を利用することである。（中略）現在の政府が依拠すると主張する政府のモデルをこれによって提示しているのである」。（六七頁）

25 リチャード・ステンプ『ルネサンス美術解読図鑑――イタリア美術の隠されたシンボリズムを読み解く』川野美也子訳、悠書館、二〇〇七年、一八〇―一八一頁

26 フルゴーニ、前掲書、六三頁

27 ジャン＝フランソワ・リオタール『非人間的なもの――時間についての講話』篠原資明・上村博・平芳幸浩訳、法政大学出版局、二〇〇二年、一六一―一六二頁〔Jean-François Lyotard, *L'inhumain : causeries sur le temps*, Paris : Galilée, 1988, pp.131-132〕

28 ジャン・パリスのビザンチウム様式の教会の絵画についての記述（ジャン・パリス『空間と視線――西欧絵画史の原理』岩崎力訳、美術公論社、一九七九年、一九―二〇頁）〔Jean Paris, *L'espace et le regard*, Paris : Éditions du Seuil, 1965, p.9〕

29 パースペクティブの語源については以下を参照。ヘルマン・ゴチェフスキ「ペルスペクティーヴァの誕生」ヘルマン・ゴチェフスキ編『知の遠近法』講談社、二〇〇七年、一三―三二頁

30 エルヴィン・パノフスキー『〈象徴《シンボル》形式〉としての遠近法』木田元監訳、川戸れい子・上村清雄訳、筑摩書房（ちくま学芸文庫）、二〇〇九年、一一―一二頁

31 同書、七八頁

32 ベネディクト・アンダーソン『定本 想像の共同体——ナショナリズムの起源と流行』白石隆・白石さや訳、書籍工房早山（社会科学の冒険 Ⅱ期4）、二〇〇七年、二四頁 [Benedict Anderson, *Imagined communities : reflections on the origin and spread of nationalism*, London : Verso, 1983, p.15]

33 同書、三二頁 [ibid., p.17]

34 同書、三二頁 [ibid., p.17]

35 N・C・ハーベル『ヨブ記』高尾哲訳、新教出版社、一九九四年、二〇七頁、二〇九頁 [Norman C. Habel, *The Book of Job*, The Cambridge Bible Commentary on the New English Bible, General Editors : P.R. Ackloyd, A.R.C. Leaney, J.W.Packer, Cambridge University Press, 1975.]

36 カール・シュミット『リヴァイアサン——近代国家の生成と挫折』長尾龍一訳、福村出版、一九七二年、二七頁

37 同書、四五頁

38 田中純『政治の美学——権力と表象』東京大学出版会、二〇〇八年、一八九—一九〇頁

39 同書、一八五頁

40 カール・シュミット『憲法理論』尾吹善人訳、創文社、一九七二年、二六〇—二六一頁

41 レオン・バッティスタ・アルベルティ『絵画論』三輪福松訳、中央公論美術出版、一九七一年、七一頁 [Leon Battista Alberti, *De la peinture = De pictura (1435)*, Macula Dédale, 1992, pp.226-227]

42 白川昌生『西洋美術史を解体する』水声社、二〇一一年、五五頁

43 アンダーソン、前掲書、二四頁 [Anderson, op.cit., p.15]

44 白川昌生、前掲書、五五頁

45 アンダーソン、前掲書、二四頁 [Anderson, op.cit., p.15]

46 『ドラクロワ「民衆を導く自由の女神」』東京国立博物館、一九九九年

［第二章］

1 ガエタン・ピコン『近代絵画の誕生 一八六三年』鈴木祥史訳、人文書院、一九九八年、五六―五八頁［Gaëtan Picon, *1863 : naissance de la peinture moderne*, Genève : A. Skira, 1974, p.31］

2 同書、五一頁［ibid., p.26］

3 ミシェル・フーコー『マネの絵画』阿部崇訳、筑摩書房、二〇〇六年、五頁［Michel Foucault, *La peinture de Manet : suivi de Michel Foucault, un regard, sous la direction de Maryvonne Saison*, Paris : Seuil, 2004, p.22］

4 同書、五頁［ibid., p.22］

5 ジョルジュ・バタイユ『沈黙の絵画――マネ論』宮川淳訳、二見書房、一九七二年、一三一頁［Georges Bataille, *Manet*, Genève : Skira, 1983, p.73］

6 ラファエロの失われた下図にもとづいて作成された銅版画である。

7 ピコン、前掲書、五六頁［Picon, op.cit., p.29］

8 同書、一五七―一五八頁［ibid., p.141］

9 バタイユ『沈黙の絵画――マネ論』、前掲書、六九頁［Bataille, *Manet*, op.cit., p.45］

10 フーコー『マネの絵画』、前掲書、四四―四五頁［Foucault, *La peinture de Manet*, op.cit., p.47］

11 パリス、前掲書、六〇頁［Jean Paris, op.cit., p.40］

12 西洋において絵画が鑑賞者の側から見るものとして成立したのはルネサンス期である。透視図法によって「主体としての人間は、客体として二次元の上に表象された世界＝絵画を、ある距離のもとで「視る」ようになった。（岡田温司『もうひとつのルネサンス』人文書院、一九九四年、一六三頁）。ルネサンス以前の絵画はそのようなものではなく、絵画は「神の視線」を表すものだった。例えば、ビザンチウム様式の教会の絵画は「《全能の神が地上の正義の人々を見つめ給う窓》である円天井の頂きから、その視線が私たちのうえに降り注ぐ」ように描かれてい

13 る。（パリス、前掲書、一九―二〇頁［Jean Paris, op.cit., p.9］）
マーティン・ジェイ「近代性における複数の「視の制度」」ハル・フォスター編『視覚論』榑沼範久訳、平凡社、二〇〇〇年、二四―二五頁［Martin Jay, Scopic Regimes of Modernity, *Vision and visuality*, ed. Hal Foster, Seattle : Bay Press, 1988, p.8］

14 フーコー『マネの絵画』、前掲書、二九―三二頁［Foucault, *La peinture de Manet*, op.cit., pp.38-40］

15 ナポレオン三世の独裁やパリ・コミューンの時代を生きたマネは共和主義者だったが、政治的な立場を示す作品は《皇帝マクシミリアンの処刑》（一八六七）といったわずかな例外を除いては残していない。ジェームズ・ルービンは、「マネの政治姿勢は（そのように呼ぶことのできるものがあるとして）、いつも秘やかに語られ、しばしば逆説のなかに隠されていた。現代生活の画家として、マネは日常の出来事のなかに政治権力の現われを見出していた」と述べる。例えば、第二帝政の祝祭日に気球が上がる様子を描いたリトグラフ《気球》（一八六二）では「最新の科学の進歩を賞賛する整った身なりの人々」の前景に乞食が座っている。「この乞食は、無惨な結果に終わった皇帝の海外遠征の犠牲となった傷痍軍人かもしれない」とルービンは述べる。（ジェームズ・ルービン『印象派』太田泰人訳、岩波書店（岩波 世界の美術）、二〇〇二年、二六五―二六六頁）［James H Rubin, *Impressionism*, London : Phaidon, 1999, pp.265-266］

16 美術館の誕生の時期と「監獄の誕生」の時期とは一致しており、美術館をまなざしのコントロールの装置であるとする指摘がある。（岡田温司『芸術《アルス》と生政治《ビオス》――現代思想の問題圏』平凡社、二〇〇六年）

17 クシシトフ・ポミアン『コレクション――趣味と好奇心の歴史人類学』吉田城・吉田典子訳、平凡社、一九九二年、二七―二八頁［Krzysztof Pomian, *Collectionneurs, amateurs et curieux*, Paris : Gallimard, 1987, pp.22-23］

18 同書、二九頁［ibid., p.24］

19 同書、三九頁［ibid., p.31］

20 ミシェル・フーコー「幻想の図書館」工藤庸子訳、小林康夫・石田英敬・松浦寿輝編『フーコー・コレクション2

——文学・侵犯』、筑摩書房（ちくま学芸文庫）、二〇〇六年、一六七頁［Michel Foucault, La Bibliothèque fantastique, http://labibliothequefantas.free.fr/index.php?/la-bibliotheque-fantastique/michel-foucault/,pp.10-11］

21 ヴァルター・ベンヤミン「複製技術時代の芸術作品」『ベンヤミン・コレクション〈1〉近代の意味』浅井健二郎編訳、筑摩書房（ちくま学芸文庫）、一九九五年、五九六―五九七頁

22 同書、五九六頁

23 マルティン・ハイデッガー『杣径』（ハイデッガー全集 第五巻）、創文社、一九八八年、一〇七頁

24 同書、一〇七頁

25 同書、一〇七頁

26 同書、一一〇頁

27 同書、一〇九頁

28 同書、一〇九―一一〇頁

29 同書、一一〇頁

30 同書、一一二頁

31 同書、一二七頁

32 同書、一一六頁

33 同書、一一六頁

34 ベンヤミン、前掲書、五八七頁

35 同書、五九二頁

36 同書、五八八頁

37 同書、五九〇頁

38 同書、五九〇頁

39　同書、五九〇頁
40　同書、五九一頁
41　同書、五九二―五九三頁
42　同書、六一〇頁
43　同書、六三四頁。ミメーシスの両極については注に記述されている（六三三―六三四頁）。
44　多木浩二『ベンヤミン「複製技術時代の芸術作品」精読』岩波書店、二〇〇〇年、一〇九頁
45　ベンヤミン、前掲書、六二四頁
46　同書、六一二頁
47　同書、六二九頁
48　竹島博之『カール・シュミットの政治――「近代」への反逆』風行社、二〇〇二年、一八八―一八九頁

［第三章］
1　テオドール・アドルノ『プリズメン』渡辺祐邦・三原弟平訳、筑摩書房（ちくま学芸文庫）、一九九六年、三六頁
2　テオドール・アドルノ『否定弁証法』木田元他訳、作品社、一九九六年、四四七頁
3　ジョルジョ・アガンベン『ホモ・サケル――主権権力と剝き出しの生』高桑和巳訳、以文社、二〇〇三年、一七〇頁
4　ミシェル・フーコー『知への意志』渡辺守章訳、新潮社、一九八六年、三五頁［Michel Foucault, *La volonté de savoir*, Paris : Gallimard, 1976, p.36］
5　同書、一七一―一七五頁［ibid., pp.177-182］
6　同書、一七四頁［ibid., p.180］
7　ハナ・アーレント『全体主義の起原3――全体主義』大久保和郎・大島かおり訳、みすず書房、一九七四年、二四

五頁

8 香川檀『想起のかたち——記憶アートの歴史意識』水声社、二〇一二年、一四頁。また、香川は、一九八〇年代から九〇年代にかけて、ナチズムやホロコーストの記憶を主題にしたり暗示したりする現代芸術が目につくようになったと指摘している。確かに、アンゼルム・キーファーがナチスに関わる建築を描き始めたのが八〇年代であり、また、ハンス・ハーケがヴェネチア・ビエンナーレで「ゲルマニア」というタイトルのナチス・ドイツをテーマにしたインスタレーションを発表したのが一九九三年だった。

9 ソール・フリードランダー「序論」上村忠男訳、ソール・フリードランダー『アウシュヴィッツと表象の限界』、未來社、一九九四年、一六—一七頁［Saul Friedländer, Introduction, *Probing the limits of representation : Nazism and the "final solution"*, ed.Saul Friedländer, Cambridge, Mass.: Harvard University Press, 1992, pp.2-3］

10 アーレント、前掲書、二三二頁

11 ジャン＝フランソワ・リオタール『文の抗争』陸井四郎・小野康男・外山和子・森田亜紀訳、法政大学出版局、一九八九年、一二一—一二二頁［Jean-François Lyotard, *Le Différend*, Édition de Minuit, 1983, pp.91-92］

12 プリモ・レーヴィ『溺れるものと救われるもの』竹山博英訳、朝日新聞出版、二〇一四年、三—四頁［Primo Levi, *I sommersi e i salvati*, Einaudi, 1986, p.3］

13 ジェラール・ヴァイクマン「《聖パウロ》ゴダール対《モーゼ》ランズマンの試合」四方田犬彦、堀潤之編『ゴダール・映像・歴史——『映画史』を読む』産業図書、二〇〇一年、一一六頁［Gérard Wajcman,《Saint Paul》Godard contre《Moïse》Lanzmann, le Match, *L'infini*, 65, printemps 1999, pp.121-127］

14 クロード・ランズマン「ホロコースト、不可能な表象」高橋哲哉訳、鵜飼哲・高橋哲哉編『『ショアー』の衝撃』未來社、一九九五年、一二二頁［Claude Lanzmann, Holocauste, la représantation impossible, Le Monde, 1994.3.3］

15 ジョルジュ・ディディ＝ユベルマン『イメージ、それでもなお——アウシュヴィッツからもぎ取られた四枚の写真』橋本一径訳、平凡社、二〇〇六年、一三頁［Georges Didi-Huberman, *Images malgré tout*, Minuit, 2003, pp.15-

16]

16　同書、九─一〇頁［ibid., p.11］

17　同書、二一─二七頁。R.Boguslawska-Swiebocka, T.Ceglowaska, KL Auschwitz. Fotografie dokumentalne, Varsovie, Krajowa Agencja Wydawnicza, 1980, p.18からの引用。「Tell」とは、強制収容所の囚人たちを支援するクラクフの組織のメンバー、テレサ・ラソツカ＝エシュトライヒャーのコードネームである。［ibid., pp.25-26］

18　同書、二九頁［ibid.,p.29］

19　同書、二〇四頁［ibid.,p.197］

20　同書、二九頁［ibid.,p.29］

21　同書、九頁［ibid.,p.11］

22　ジョルジュ・ディディ＝ユベルマン『時間の前で──美術史とイメージのアナクロニズム』小野康男・三小田祥久訳、法政大学出版局、二〇一二年、四頁［Georges Didi-Huberman, *Devant le temps : histoire de l'art et anachronisme des images*, Paris : Éditions de Minuit, 2000, pp.9-10］

23　ディディ＝ユベルマン、『イメージ、それでもなお──アウシュヴィッツからもぎ取られた四枚の写真』、前掲書、二〇一頁［Didi-Huberman, *Images malgré tout*, op.cit., p.194］

24　エマニュエル・レヴィナス『実存から実存者へ』西谷修訳、講談社、一九九六年、一一四頁［Emmanuel Levinas, *De l'existence à l'existant*, 2e.éd. augm.,Librairie philosophique J.Vrin, 1990, pp.93-94］

25　エマニュエル・レヴィナス「現実とその影」『レヴィナス・コレクション』合田正人編訳、筑摩書房（ちくま学芸文庫）、一九九九年、三〇六頁［Emmanuel Levinas, La réalité et son ombre, Les Temps Modernes, n38, novembre 1948, p.773］

26　レヴィナス、『実存から実存者へ』、前掲書、一〇四頁［Levinas, *De l'existence à l'existant*, op.cit., p.83］

27　レヴィナス、「現実とその影」、前掲書、三〇七頁［Levinas, La réalité et son ombre, op.cit., p.774］

28 同書、三一五頁［ibid., p.779］
29 レヴィナス、『実存から実存者へ』、前掲書、一〇五頁［Levinas, *De l'existence à l'existant*, op.cit., pp.84-85］
30 同書、一一一—一一二頁［ibid., p.90］
31 同書、一一三頁［ibid., p.92］
32 同書、一〇四頁［ibid., p.83］
33 レヴィナス、「現実とその影」、前掲書、三一六頁［Levinas, La réalité et son ombre, op.cit., p.779］
34 エマニュエル・レヴィナス『モーリス・ブランショ』内田樹訳、国文社、一九九二年、一三頁［Emmanuel Levinas, *Sur Maurice Blanchot*, Montpellier : Fata Morgana, 1975, p.11］
35 同書、二五頁［ibid., p.18］
36 ハイデッガー『杣径』前掲書、一一六頁
37 ジョルジュ・バタイユ「実存主義から経済の優位性へ」『戦争／政治／実存　社会科学論集1』（ジョルジュ・バタイユ著作集）山本功訳、二見書房、一九七二年、二八一頁［Georges Bataille, De l'existentialisme au primat de l'économie, *Œuvres complètes VI Articles I 1944-1949*, Paris : Gallimard, 1988, p.295］
38 同書、二八一頁［ibid., p.295］
39 同書、二九二頁［ibid., p.301］
40 同書、二九〇頁［ibid., p.300］
41 同書、二九三頁［ibid., p.302］
42 同書、二九三頁［ibid., p.302］
43 同書、二九四頁［ibid., pp.302-303］
44 同書、二九四頁［ibid., pp.302-303］
45 ジャン＝リュック・ナンシー『無為の共同体——哲学を問い直す分有の思考』西谷修・安原伸一朗訳、以文社、二

〇〇一年、二三五頁［Jean-Luc Nancy, *La communauté désœuvrée,* Paris : Christian Bourgois Editeur, 1986/1990, p.50］
46 Didi-Huberman, *Peuples exposés, peuples figurants,* op.cit., p.11
47 Ernst van Alphen, *Caught by history : Holocaust effects in contemporary art, literature, and theory,* Stanford, Calif. : Stanford University Press, 1997, pp.100-103
48 山田由佳子「ジャン・フォートリエと「人質」の連作――反復する画家」『言語社会』6、二〇一二年、一橋大学、二二五頁
49 レヴィナス、『実存から実存者へ』、前掲書、一〇五頁［Levinas, *De l'existence à l'existant,* op.cit., p.85］
50 バタイユ、「実存主義から経済の優位性へ」、前掲書、二九四頁［Bataille, De l'existentialisme au primat de l'économie, op.cit., p.303］

［第四章］

1 山田由佳子「ジャン・フォートリエと「人質」の連作――反復する画家」『言語社会』6、二〇一二年、一橋大学、二一〇頁
2 Georges Didi-Huberman, *L'œil de l'histoire : Tome 4, Peuples exposés, peuples figurants,* Paris : Les Éditions de Minuit, 2012, p.85
3 エマニュエル・レヴィナス『他者のユマニスム』小林康夫訳、書肆風の薔薇、一九九〇年、七六頁［Emmanuel Levinas, *Humanisme de l'autre homme,* Montpellier : Fata morgana, 1972, p.47］
4 ジョルジョ・アガンベン『人権の彼方に――政治哲学ノート』高桑和巳訳、以文社、二〇〇〇年、九六頁［Giorgio Agamben, *Moyens sans fins : Notes sur la politique,* Bibliothèque Rivages, 1995, p.104］
5 同書、九五―九六頁［ibid., p.103］

6 フェルディナント・テンニエス『ゲマインシャフトとゲゼルシャフト――純粋社会学の基本概念』杉之原寿一訳、岩波書店、一九五七年

7 少なくとも、それが、ジャン゠リュック・ナンシーに共同体論を書かせた意識である。

8 マルティン・ハイデガー『存在と時間Ⅰ』原佑・渡邊二郎訳、中央公論新社、二〇〇三年、五八頁

9 同書、一九―二〇頁

10 同書、三一一頁

11 同書、三一一頁

12 同書、三〇七頁

13 マルティン・ハイデガー『存在と時間Ⅱ』原佑・渡邊二郎訳、中央公論新社、二〇〇三年、一二一―一二二頁

14 マルティン・ハイデガー『存在と時間Ⅲ』原佑・渡邊二郎訳、中央公論新社、二〇〇三年、一九一頁

15 ジャン゠リュック・ナンシー『無為の共同体――哲学を問い直す分有の思考』西谷修・安原伸一朗訳、以文社、二〇〇一年、二〇頁［Jean-Luc Nancy, *La communauté désœuvrée*, Paris : Christian Bourgois Editeur, 1986/1990, p.31］

16 同書、一九頁［ibid., p.29］

17 同書、二二頁［ibid., p.33］

18 ジャン゠リュック・ナンシー、ジャン゠クリストフ・バイイ『共出現』大西雅一郎・松下彩子訳、松籟社、二〇〇二年、八六頁［Jean-Luc Nancy, Jean-Christophe Bailly, *La comparution (politique à venir)*, Paris : Christian Bourgois Editeur, 1991］

19 ナンシー『無為の共同体』前掲書、二二頁［op.cit., p.34］

20 同書、七頁［ibid., p.15］

21 同書、二六頁［ibid., p.39］

22 同書、二八頁［ibid., p.42］
23 同書、三六頁［ibid., p.53］
24 同書、四五頁［ibid., p.64］
25 澤田直『ジャン＝リュック・ナンシー——分有のためのエチュード』白水社、二〇一三年、六三頁
26 ジャン＝リュック・ナンシー『複数にして単数の存在』加藤恵介訳、松籟社、二〇〇五年、七三頁［Jean-Luc Nancy, *Être singulier pluriel*, Paris : Galilée, 1996, p.78］
27 ナンシー『無為の共同体』前掲書、一一二頁［op.cit., p.146］
28 同書、六一頁［ibid., p.83］
29 同書、四九頁［ibid., p.68］
30 ミシェル・フーコー「生体政治の誕生」『ミシェル・フーコー思考集成〈8〉政治／友愛』石田英敬訳、筑摩書房、二〇〇一年、一三四頁［《Naissance de la biopolitique》, Annuaire du Collège de France, 79e année, Histoire des systèmes de pensée, année 1978-1979, 1979, pp.367-372］
31 ジョルジョ・アガンベン『ホモ・サケル——主権権力と剝き出しの生』高桑和巳訳、以文社、二〇〇三年、一七〇頁
32 ハナ・アーレント『全体主義の起原2——帝国主義』大島通義・大島かおり訳、みすず書房、一九七二年、二三六頁
33 アガンベン『人権の彼方に』前掲書、二四頁［Agamben, *Moyens sans fins : Notes sur la politique*, op.cit., p.26］
34 同書、二八頁［ibid., p.31］
35 同書、二五頁［ibid., p.27］
36 同書、三〇頁［ibid., p.32］
37 同書、三〇頁［ibid., p.32］

38 同書、三一頁［ibid., p.34］
39 同書、九〇―九二頁。『到来する共同体』上村忠男訳、月曜社、二〇一二年、一〇七―一一一頁
40 アガンベン『人権の彼方に』前掲書、九二頁［Agamben, *Moyens sans fins : Notes sur la politique*, op.cit., p.100］
41 アガンベン『到来する共同体』前掲書、一〇八―一〇九頁
42 同書、一一〇―一一一頁
43 モーリス・ブランショ『明かしえぬ共同体』西谷修訳、筑摩書房（ちくま学芸文庫）、一九九七年、六四―六七頁［Maurice Blanchot, *La Communauté Inavouable*, Paris : Éditions de Minuit, 1983］。岡田温司『アガンベン読解』平凡社、二〇一一年、一一七頁
44 アガンベン『到来する共同体』前掲書、九九頁
45 同書、一〇〇頁
46 マルティン・ハイデッガー『放下』辻村公一訳、理想社、一九六三年、一五―一六頁。旧字体の部分は新字体に書き改めた。
47 アガンベン『人権の彼方に』前掲書、八五頁［op.cit., p.93］
48 同書、八八頁［ibid., p.96］
49 同書、八八頁［ibid., p.95］
50 ブランショ、前掲書、六五頁［Blanchot, op.cit., p.53］
51 アガンベン『到来する共同体』前掲書、九頁
52 ジョルジョ・アガンベン「人間の仕事」土肥秀行訳、『ラチオ』第一号、講談社、二〇〇六年、一九六頁
53 Agamben, *Moyens sans fins : Notes sur la politique*, op.cit., pp.20-21
54 アガンベン「人間の仕事」前掲書、一九四―二一〇頁
55 同書、二〇九頁

56 カール・ケレーニイ『ディオニューソス――破壊されざる生の根源像』岡田素之訳、白水社、一九九三年、一九頁

57 Roberto Esposito, *Communitas : The Origin and Destiny of Community*, trans.Timothy Campbell, Stanford University Press, 2009, p.92

58 Ibid., p.4. エスポジトが指摘するのはこの三つの意味であるが、辞書によると「munus」にはさらに、「葬礼」「創造物、作品」「スペクタクル（特に剣闘士の見世物）」「建築物（個人によって寄進された建築物や、壮麗な建築物）」などの意味もある。（水谷智洋編『改定版羅和辞典』研究社、二〇〇九年、田中秀央編『増訂新版羅和辞典』研究社、二〇〇〇年、Félix Gaffiot, Dictionnaire illustré latin français, Hachette, 1934）

59 Esposito, *Communitas : The Origin and Destiny of Community*, op.cit., p.4

60 Ibid., p.5

61 Ibid, p.4

62 マルセル・モース『贈与論』吉田禎吾・江川純一訳、筑摩書房（ちくま学芸文庫）、二〇〇九年［Marcel Mauss, *Essai sur le don : Forme et raison de l'échange dans les sociétés archaïques*, L'Année sociologique, nouvelle série, 1, 1925］

63 ロベルト・エスポジト「生政治、免疫、共同体」多賀健太郎訳、『ラチオ』第一号、講談社、二〇〇六年、一九二頁

64 ロベルト・エスポジト『近代政治の脱構築――共同体・免疫・生政治』岡田温司訳、講談社（講談社選書メチエ）、二〇〇九年、三四頁

65 同書、一五二―一五三頁

66 エスポジト「生政治、免疫、共同体」前掲書、一九二―一九三頁

67 エスポジト『近代政治の脱構築』前掲書、三六頁

68 同書、四二頁

69 Esposito, *Communitas: The Origin and Destiny of Community*, op.cit., pp.76-77
70 Esposito, *Communitas: The Origin and Destiny of Community*, op.cit., p.121

[第五章]

1 Georges Didi-Huberman, *L'œil de l'histoire : Tome 4, Peuples exposés, peuples figurants*, op.cit., p.104
2 Ibid., p.101
3 Ibid., pp.99-100
4 Ibid., p.102
5 Ibid., p.104
6 Ibid., p.103
7 Ibid., p.97I
8 マルレーネ・デュマス『マルレーネ・デュマス　ブロークン・ホワイト』東京都現代美術館・丸亀市猪熊弦一郎現代美術館監修、淡交社、二〇〇七年、一一四頁
9 アルベルティ『絵画論』三輪福松訳、中央公論美術出版、一九七一年、三一頁 [Leon Battista Alberti, *De la peinture* = *De pictura (1435)*, Macula Dédale, 1992, pp.130-131]
10 同書、三二―三三頁 [ibid., pp.132-133]
11 ジョン・ポープ＝ヘネシー『ルネサンスの肖像画』中江彬・兼重護・山田義顕訳、中央公論美術出版、二〇〇二年、八頁 [John Pope-Hennessy, *The portrait in the Renaissance*, Princeton University Press, 1979, p.8]
12 Jean-Luc Nancy, L'art et la memoire des camps Representer, Exterminer, Rencontre à la maison d'Izieu, Le Genre humain No.36, Paris : Seuil, 2001, p.11
13 ジャン＝リュック・ナンシー『イメージの奥底で』西山達也・大道寺玲央訳、以文社、二〇〇六年、八〇頁 [Jean-

Luc Nancy, *Au fond des images*, Paris : Galilée, 2003, p.68]

14 ジャン＝リュック・ナンシー『肖像の眼差し』岡田温司・長友文史訳、人文書院、二〇〇四年、四三頁 [Jean-Luc Nancy, *Le regard du portrait* : frontispice de François Martin, Paris : Galilée, 2000, pp.53-54]

15 ジャン＝リュック・ナンシー『訪問――イメージと記憶をめぐって』西山達也訳、松籟社、二〇〇三年、四八頁 [Jean-Luc Nancy, *Visitation* : de la peinture chrétienne, Paris : Galilée, 2001, pp.42-43]

16 Maurice Blanchot, *L'amitié*, Paris : Gallimard, 1971, p.43

17 モーリス・ブランショ『文学空間』粟津則雄・出口裕弘訳、現代思潮新社、一九六二年、三六四頁 [Maurice Blanchot, *L'espace littéraire*, Paris : Gallimard, 1988, p.344]

18 ナンシー『肖像の眼差し』、前掲書、六一頁 [op.cit., p.74]

19 同書、一二―一三頁 [ibid., p.16]

20 岡田温司『半透明の美学』岩波書店、二〇一〇年、四頁

21 アルベルティ『絵画論』一〇頁 [Alberti, *De la peinture* = *De pictura (1435)*, op.cit., pp.74-75]

共《きょう》同《どう》体《たい》のかたち

イメージと人々《ひとびと》の存在《そんざい》をめぐって

二〇一七年二月一〇日第一刷発行

著者　菅《すが》 香《こう》子《こ》

発行者　鈴木 哲

発行所　株式会社 講談社
東京都文京区音羽二丁目一二―二一　〒一一二―八〇〇一
電話（編集）〇三―三九四五―四九六三
（販売）〇三―五三九五―四四一五
（業務）〇三―五三九五―三六一五

装幀者　奥定泰之

本文データ制作　講談社デジタル製作

本文印刷　慶昌堂印刷 株式会社

カバー・表紙印刷　半七写真印刷工業 株式会社

製本所　大口製本印刷 株式会社

定価はカバーに表示してあります。

ISBN978-4-06-258646-7　Printed in Japan
N.D.C.110　236p　19cm

講談社選書メチエ　刊行の辞

書物からまったく離れて生きるのはむずかしいことです。百年ばかり昔、アンドレ・ジッドは自分にむかって「すべての書物を捨てるべし」と命じながら、パリからアフリカへ旅立ちました。旅の荷は軽くなかったようです。ひそかに書物をたずさえていたからでした。ジッドのように意地を張らず、書物とともに世界を旅して、いらなくなったら捨てていけばいいのではないでしょうか。

現代は、星の数ほどにも本の書き手が見あたります。読み手と書き手がこれほど近づきあっている時代はありません。きのうの読者が、一夜あければ著者となって、あらたな読者にめぐりあう。その読者のなかから、またあらたな著者が生まれるのです。この循環の過程で読書の質も変わっていきます。人は書き手になることで熟練の読み手になるものです。

選書メチエはこのような時代にふさわしい書物の刊行をめざしています。

フランス語でメチエは、経験によって身につく技術のことをいいます。道具を駆使しておこなう仕事のことでもあります。また、生活と直接に結びついた専門的な技能を指すこともあります。

いま地球の環境はますます複雑な変化を見せ、予測困難な状況が刻々あらわれています。

そのなかで、読者それぞれの「メチエ」を活かす一助として、本選書が役立つことを願っています。

一九九四年二月　　野間佐和子

講談社選書メチエ　哲学・思想Ⅱ

MÉTIER

近代性の構造　今村仁司
身体の零度　三浦雅士
人類最古の哲学　カイエ・ソバージュⅠ　中沢新一
熊から王へ　カイエ・ソバージュⅡ　中沢新一
愛と経済のロゴス　カイエ・ソバージュⅢ　中沢新一
神の発明　カイエ・ソバージュⅣ　中沢新一
対称性人類学　カイエ・ソバージュⅤ　中沢新一
近代日本の陽明学　小島　毅
未完のレーニン　白井　聡
経済倫理＝あなたは、なに主義？　橋本　努
ヨーガの思想　山下博司
パロール・ドネ　C・レヴィ＝ストロース　中沢新一訳
意識は実在しない　河野哲也
ドイツ観念論　村岡晋一
子供の哲学　檜垣立哉
国家とインターネット　和田伸一郎
弁証法とイロニー　菅原　潤

古代ギリシアの精神　田島正樹
朱子学　木下鉄矢
精読　アレント『全体主義の起源』　牧野雅彦
連続講義　現代日本の四つの危機　齋藤元紀編
ブルデュー　闘う知識人　加藤晴久
怪物的思考　田口卓臣
熊楠の星の時間　中沢新一
来たるべき内部観測　松野孝一郎
丸山眞男の敗北　伊東祐吏
アメリカ　異形の制度空間　西谷　修
絶滅の地球誌　澤野雅樹